贛文化通典

——民俗卷 第四冊

目錄

第一章│總論

第二章 | 農業生產習俗

第三章 | 商業組織與商事習俗

第四章│傳統手工技藝與行業習俗

第五章 | 服飾民俗

第六章 | 飲食民俗

第八章｜家庭與宗族民俗

第十一章 | 民間信仰

第十二章 | 民間藝術

第十三章 | 結語

家庭與宗族民俗

　　家庭是社會的細胞，它經過繁衍與發展，從小家庭變成大家庭，進而又從大家庭蛻變為宗族，這直接決定了社會發展的基本風貌。中國歷史上有重視家族的傳統，人們以維繫數代同堂的大家庭為榮，追求「敬宗」、「收族」的宗族理想，使中國傳統社會呈現出濃厚的家族主義的特色。江西的家族傳統尤其突出，歷史上不僅有「義門陳氏」等長期維系的大家庭，而且「故家大族」也普遍存在於各地，這對江西歷史文化發展產生了深刻的影響。直至今日，家族觀念和某些家族民俗，對廣大民眾生活的影響仍然不容小覷。

第一節 ▶ 小家庭與大家庭

　　家庭是房份、宗族的邏輯起點，通過家庭的繁衍與分化，逐漸形成房份和宗族。在這個過程中，盡管家庭原先的血緣關係逐漸趨於淡化，但是房份、宗族在形態上仍然保留著家庭的眾多印跡，其發展仍然受制於家庭的某些特徵。因此，為了弄清宗族的發展情況，有必要對家庭的一般情況進行分析。在江西，家庭的

構成情況在全國具有代表意義，江西歷史上的某些維繫數百年的大家庭尤為有名。本節主要介紹江西一般的家庭構成、歷史上數世同堂的大家庭，以及家庭的分裂與分家民俗。

一、家庭的構成與繼承

清末江西省政當局曾組織「江西調查局」，開展對江西「民事習慣問題」的調查，「親屬關係」就是其調查的重點之一。根據調查，「依本地習慣」，江西「親屬二字」以五服為斷：

> （江西）以本省習慣，五服內為親屬。上自高、曾、祖、父，下至子、孫、曾、元，連本身為九族，其同輩昆弟俱包括在內。又母族、妻族兄弟及子之妻族姑姊妹及女之夫族亦為親屬。[1]

這裡實際分為兩類親屬關係，一類以父系為中心，一類以母、妻為中心。江西一般意義上的家庭關係，是指前者。按照江西習慣，一般意義上的家庭親屬關係，以「五服」為劃分依據，包括本人為中心，上溯高、曾、祖、父四代，下延子、孫、曾、元（玄）四代，合稱「九族」。

在一個家庭中，必有一個為家長。在江西，一般的「應

1　江峰青：《江西調查民事習慣問題》第四編《親屬關係》第一章《總則》，宣統二年（1910）鉛印本。

以男子之最尊者為家長」。[2]若家長「遇老病不能理家政時，或志在靜修，不願理家政時」，則通常「以次尊長者代理家長之事，或由最尊長者擇一人處理，謂之委定代理人。但重大事仍當稟承家長，均不能逕居家長之位」。[3]若家中輩分最尊者「尚未及歲」，則強調「國賴長君，家賴長丁」的原則，「應由成年者處理家務，而家長之名仍歸於行輩最尊者」。[4]

江西與全國各地一樣，強調家庭中「雍雍睦睦」，和諧相處。但若發生「繼母或嫡母虐待子女」時，「近支親族」往往也有「出而保護」，也有「父死之時」「預囑近支親族保護其子，以免繼母或嫡母之虐待者」。父母虐待子女，「親族得婉言勸導」。但「清官難斷家務事」，即使是父母「暴虐過甚」，也只可由親族「干預阻止」，「官府非經控訴，無從干預」。[5]

家庭是宗族的起點。傳統時期，人們認為「不孝有三，無後為大」，強調個人與家庭在家族的延續中負有重要的責任。有些殷實之家，雖然「有子」，但「喜多男」，往往「再撫他人之子

2　江峰青：《江西調查民事習慣問題》第四編《親屬關係》第二章《家訓》。

3　江峰青：《江西調查民事習慣問題》第四編《親屬關係》第二章《家訓》。

4　江峰青：《江西調查民事習慣問題》第四編《親屬關係》第二章《家訓》。

5　江峰青：《江西調查民事習慣問題》第四編《親屬關係》第三章《婚姻》。

為嗣」的。[6]而多數承繼之事，則發生於無法正常延嗣的家庭中。

江西各地的承繼，一般採取「由親及疏」的先後順序，從族人中選定繼嗣之人。[7]如在贛南各縣，就強調無子之人立嗣，「須先盡親等最近之人，以次遞推」，否則難得宗族承認：

> （贛州）凡無子之人而欲以他人之子為嗣子者，須先盡親等最近之人，以次遞推。若舍近支而立遠房，實所罕見。即或有之，不但近房必出而相爭，雖無關係之族人，亦皆不以為然。此其由來，一則因我國數重親親之義，否則，皆視為反乎常規；二則賢、不肖之標準亦難遽定，即使已有明確之區別，亦不敵親疏之觀念故也。[8]

若當事人在「應繼」者之外另有「愛繼」人選，亦須徵得親族同意；否則，在「愛繼」之外，尚須再立「應繼」：

> （江西）擇愛、擇賢，亦須親族公允。親戚如不謂然，

6　江峰青：《江西調查民事習慣問題》第五編《承繼關係》第二章《宗祧之承繼》。

7　江峰青：《江西調查民事習慣問題》第五編《承繼關係》第二章《宗祧之承繼》。

8　前南京國民政府司法行政部編：《民事習慣調查報告錄》第四編《親屬繼承習慣》第十章《江西省關於親屬繼承習慣之報告》第二節，贛南各縣習慣・第二，近親，胡旭晟等點校，中國政法大學出版社二〇〇〇年版。

則依承繼先後之序，另立嗣子為應繼，以其所擇者為愛繼。[9]

若可繼之人係獨子，則允許「兼祧兩房」[10]。在石城縣流行「分出繼」之俗，出繼與人為嗣者，將來若生一子，則歸受繼者傳宗接代，若生有多子，則二家各半分配，這些條件甚至登載於「分出繼帖」上：

> （石城）民間習俗，有所謂分出繼者。夫出繼與人為嗣，事所恆有。而此分出繼，則以其子出繼與人為嗣，仍使與本宗不脫離關係，其教養之責由受繼者擔任，婚配則由二家分任之。將來如僅生一子，應歸受繼者傳宗。如生多子，則二家各半分配。此等條件多載在分出繼帖上，甚至載明「某某需錢應用，願將第幾男某某出繼一半與人為嗣，遍問親友人等，俱稱不願承繼，現托媒送至某人名下，分承繼一半接祧為嗣，言定時值恩養洋邊若干元，其銀及帖即日兩清，不欠分釐」等語。此為石邑相沿難改之特別慣例，實陋俗也。[11]

9　江峰青：《江西調查民事習慣問題》第五編《承繼關係》第二章《宗祧之承繼》。

10　江峰青：《江西調查民事習慣問題》第五編《承繼關係》第二章《宗祧之承繼》。

11　前南京國民政府司法行政部編：《民事習慣調查報告錄》第四編《親屬繼承習慣》第十章《江西省關於親屬繼承習慣之報告》第二節，

在銅鼓、靖安、蓮花、尋烏、安福等縣，撫養近房或遠房之子均被允許，但無論應嗣、愛嗣，訂立「承繼帖」時均須「出錢若干」，以致貧家生子向人招徠，希望出繼，冀得此「恩養錢」，其習近於鬻賣子女：

> 銅鼓、靖安、蓮花、尋鄔、安福等縣，凡無子息者，可撫養近房或遠房之子為嗣（亦有撫異姓子者），唯無論應嗣、愛嗣，於訂立承繼帖時，必須出錢若干，載明帖上，交付承繼人之本生父母，名曰「恩養錢」。是故貧家生子，有向人招徠，希望出繼，得此恩養錢者，甚至帖載「登山過海，禍不可測，承繼人之父母不得多生枝節」等語。此種習慣似又近於因貧而賣子女者矣。[12]

江西地區承繼之俗，一般將承繼者限於父系家族之內，但也存在某些以外姻之人為嗣的情況。根據清末的調查，江西各地有外甥可繼母舅之俗：

> （江西）有族規禁止異姓亂宗者，則外姻不得為嗣。有族規限於姑姊妹之子者，謂為外甥繼母舅，尚有女血統之關

石城縣習慣‧分出繼。

12　前南京國民政府司法行政部編：《民事習慣調查報告錄》第四編《親屬繼承習慣》第十章《江西省關於親屬繼承習慣之報告》第五節，銅鼓、靖安、蓮花、尋烏、安福等縣習慣‧恩養錢。

係。若姨子妻侄，則多出於婦人之私，其實與外人同，各屬族規有禁，有不禁。[13]

又據民國年間的調查，外甥繼承舅家宗祧，可襲舅氏遺產，改舅氏姓氏，此習且為同宗族者所公認：

（江西）各縣民俗，凡無子孫可以承繼者，例得招外甥來舅家承祀宗祧，並得襲受其遺產，改從舅氏之姓，其親房人等並無干涉者。蓋以血統關係論，究與異姓之子有別，此種通融辦法，遂為同宗族者所公認矣。[14]

在金溪縣，甚至流行「借子牽孫」之習，允許「無昭穆相當」關係之人受繼為嗣孫：

（金溪）無子立嗣，法律所許，即事實上亦多數相同。唯金溪習慣，間有並無昭穆相當可以應繼之子，因愛繼而立嗣孫者，俗謂之「借子牽孫」。[15]

---

13 江峰青：《江西調查民事習慣問題》第五編《承繼關係》第二章《宗祧之承繼》。

14 前南京國民政府司法行政部編《民事習慣調查報告錄》第四編《親屬繼承習慣》第十章《江西省關於親屬繼承習慣之報告》第一節，江西各縣習慣‧第二，外甥可繼舅父。

15 前南京國民政府司法行政部編：《民事習慣調查報告錄》第四編《親屬繼承習慣》第十章《江西省關於親屬繼承習慣之報告》第二十節，

在各種承繼事務中，為無後「大宗」繼嗣往往備受重視。在「大宗無後」的時候，除了那些因「鄉間薄俗，或大宗貧而小宗富」，導致某些「不盡如禮教」的情況外，一般地，「小宗」不得「先立嗣」，而「理宜先為大宗立嗣」。[16]在萍鄉一帶，為維持長房的繼嗣，就有「長房不絕嗣」的習俗：

> （萍鄉）習慣，凡行次或房分居長者無子，雖家產淨絕，而為其弟或次房者，必設法為之撫嗣接傳。若非長兄，則在所不論。俗所謂「長房不絕嗣」。其殆承古代大宗、小宗之遺意歟！[17]

為了突出「大宗」的地位，確保「大宗」的繼嗣，「承重之人與大宗之獨子」，除非「兼祧」，一般「不得承繼他人為嗣」。[18]如萍鄉等地流行的「長子過長房」之俗：

> （萍鄉）俗例，長子不出繼。故若一家只有長子一人，

金溪縣習慣・第一，借子牽孫。

16 江峰青：《江西調查民事習慣問題》第五編《承繼關係》第二章《宗祧之承繼》。

17 前南京國民政府司法行政部編：《民事習慣調查報告錄》第四編《親屬繼承習慣》第十章《江西省關於親屬繼承習慣之報告》第十二節，萍鄉縣習慣・第一，長房不絕嗣。

18 江峰青：《江西調查民事習慣問題》第五編《承繼關係》第二章《宗祧之承繼》

則不能與他兄弟有數子者爭繼。然長子過繼長房，則為習慣所許，亦古代重視大宗之意也。[19]

萍鄉一帶還有「優待長孫」的習俗，也頗能反映江西一帶對大宗的重視：

（萍鄉）民間慣例恆優待長孫。如某甲有子數人，當分析家產時，除平均分配於諸子外，並酌量其財產之多少，提出若干給予諸子中最先所生之長孫，以示重愛初見三代之意。其給予之男產，稱曰「長孫田」，其餘各孫不得爭論。此項辦法或用遺囑為之，亦可將來某甲夫婦死後之安葬，其木主恆亦由長孫抱之。[20]

在前述承繼關係成立後，當事人可能由於某些特殊原因，而出現「悔繼」的情況。在江西，各種「悔繼」能否成立，須做細致的分析而區別對待。一般來說，「悔繼」是不應當發生的，尤其是當承繼人「由少撫育成立」後，更不得悔繼。[21]但若繼子「忤

19 前南京國民政府司法行政部編：《民事習慣調查報告錄》第四編《親屬繼承習慣》第十章《江西省關於親屬繼承習慣之報告》第十二節，萍鄉縣習慣·第二，長子過長房之特例。

20 前南京國民政府司法行政部編：《民事習慣調查報告錄》第四編《親屬繼承習慣》第十章《江西省關於親屬繼承習慣之報告》第十二節，萍鄉縣習慣·第三，優待長孫。

21 江峰青：《江西調查民事習慣問題》第五編《承繼關係》第二章《宗

逆」，或繼父母有虐待行為，繼父或親生父母往往「悔繼」：

　　（江西）既已成繼，本不應悔繼。然或其子忤逆，不受
　　教訓，其父悔繼，憑同原立繼時親族，令歸宗者有之。又或
　　繼父母虐待繼子，本生父母悔繼者亦有之。若其子自行悔
　　繼，則是逆忤，習慣不許。[22]

　　若繼父受繼後生有子嗣，繼父往往也有悔繼的。在親生父母
無子的情況下，也允許繼父另繼，或繼子兼祧兩房等情況發生：

　　（江西）或兼祧兩房，或本生另繼，或所後之親另繼，
　　視近支之蕃庶與否為區別，以親族之公同認可為准則。[23]

　　而一旦悔繼，則悔繼之承繼人，須將「受嗣家之財產」全部
返還；悔繼之「授繼人」，「應酌給津貼」予受繼人。[24]由此將受
繼人與承繼人之間的關係撇清。

　　家庭是社會最基本的經濟單位，也是家庭成員的利益共同

祧之承繼》
22　江峰青：《江西調查民事習慣問題》第五編《承繼關係》第二章《宗
　　　祧之承繼》
23　江峰青：《江西調查民事習慣問題》第五編《承繼關係》第二章《宗
　　　祧之承繼》
24　江峰青：《江西調查民事習慣問題》第五編《承繼關係》第二章《宗
　　　祧之承繼》。

體。家庭成員在家庭內部共享各種利益，對外共同承擔各項義務。萍鄉「父欠債子當還，子欠債父不知」之俗，就反映了父子之間的這種利益連帶關係：

　　（萍鄉）俗例，凡係為父者所欠之債，苟債權人有證據可憑，無論在該債務人之生前或死後，對於其子有要求清償之權，其子不得以債非己，借詞搪塞而置之不理。如有不肯履行者，債權人或請地方紳士理論，或告官廳追取，必得照數清償，以全其父之信用。至於債係子欠，為父者可不負償還之責。故諺曰：「父欠債子當還，子欠債父不知。」**25**

　　家庭成員之間的這種利益共同關係，從兄弟典賣家產的習慣中也有充分的反映。在樂安縣，「凡兄弟同居之屋，若未經分析，兄弟均不能典賣」。因為同居之屋屬於共同財產，任何一方都不得單方面進行處理。即使兄弟分家之後，典賣各自分得之部分，也仍須兄弟各方同意，或經家長、族長立字，方才有效：

　　（樂安）分拆之後，無論兄弟，均可典賣自己之一分部。但必弟得兄允，兄得弟允，方可成立。若兄弟二人自相

25　前南京國民政府司法行政部編：《民事習慣調查報告錄》第四編《親屬繼承習慣》第十章《江西省關於親屬繼承習慣之報告》第十二節，萍鄉縣習慣・第四，父欠債子當還，子欠債父不知。

買賣，亦必經憑家長或族長立字。**26**

二、江西歷史上的大家庭

中國傳統的家庭觀念中，理想的家庭模式應當是以子孫滿堂、數世同堂為主要特徵的。這種大家庭，一般由數個核心家庭或主幹家庭組成，家庭成員之間長期同居共財，有共同的家長和專門的管事人員。家庭成員之間，強調以孝弟友愛來調節關係。

為維持這類大家庭的存續，分家析產歷來是大忌，這在江西地區極為典型。地方志中記載的此類事例甚多。如明代安遠人廖愛，兄弟之間相處和諧，「不少疏間」，父母逝世後，「兄弟不忍分家，以田產相讓」，縣令以其兄弟孝行可嘉，「皆舉正賓」。**27**又如清代浮梁人李奕昌，被視為是當地「孝友」的典型，其主要事跡除了事父母極孝外，還有「友愛幼弟」，「至老不析產」。**28**再如王運，也以「與弟曰亨同居，至老不忍析箸」聞名。**29**又如陳天保，其被視為「孝友」事跡，也包括「不蓄私財」，「不忍析箸」等：

26　前南京國民政府司法行政部編：《民事習慣調查報告錄》第二編《物權習慣》第十章《江西省關於物權習慣之報告》第十八節，樂安縣習慣・第二，關於田土房屋及山場之俗例。

27　同治《安遠縣志》卷八之七《人物志・孝友》，同治十一年刻本。

28　道光《浮梁縣志》卷十四《人物・孝友・國朝》，道光十二年補刻本。

29　道光《浮梁縣志》卷十四《人物・孝友・國朝》，道光十二年補刻本。

（浮梁）陳天保，夏義合都人。幼失怙，事孀母悦志承顏。友愛二弟，婚教俾至成立。勤勞置產，不蓄私財，至老同居，不忍析箸。綜理一鄉社倉，春放秋收，有耗，散出己谷暗賠，勾稽有方。人咸服其公正。[30]

　　江西歷史上，大家庭曾大量出現。尤其是在宋以前，七世以上同居共財的超大家庭並不少見。如宋代德化（今九江縣）許祚一家，八世同居，長幼七百餘口：

　　（九江）許祚，江州德化人。八世同居，長幼七百八十一口。太平興國七年，旌其門閭。淳化二年，本州言祚家春夏常乏食，詔歲貸米千斛。[31]

　　信州（治在今上饒）的俞雋則是八世同居，信州的李琳一家，更是達到驚人的「十五世同居」。[32]
　　江西歷史上最著名的大家庭，當數德安的「義門陳氏」。「義門陳」於二〇〇八年五月被列入江西省第二批省級非物質文化遺產名錄。據記載，德安陳氏為南朝陳宜都王陳叔明之後，在唐

30　道光《浮梁縣志》卷十四《人物・孝友・國朝》，道光十二年補刻本。

31　《宋史》卷四百五十六《列傳》第二百一十五《許祚傳》，中華書局一九八五年版。

32　《宋史》卷四百五十六《列傳》第二百一十五《李琳傳》。

代，陳氏代有出仕之人。至陳伯宣，以注司馬遷的《史記》聞名
於世，陳伯宣後游廬山，開始定居德安。至陳伯宣之子陳崇任江
州長史，陳家開始設置田產，嚴格家法，詩書傳家，從此聲名鵲
起，屢受旌表：

> 伯宣子崇為江州長史，益置田園。為家法戒子孫，擇群
> 從掌其事，建書堂教誨之。僖宗時嘗詔旌其門，南唐又為立
> 義門，免其徭役。[33]

到宋代陳昉時期，陳家已是十三世同居，長幼七百口的大家
庭了。陳家治家嚴整，不畜僕妾，上下和睦，鄉里因而得以教
化：

> 昉家十三世同居，長幼七百口，不畜僕妾，上下姻睦，
> 人無間言。每食，必群坐廣堂，未成人者別為一席。有犬百
> 余，亦置一槽共食，一犬不至，群犬亦皆不食。建書樓於別
> 墅，延四方之士，肄業者多依焉。鄉里率化，爭訟稀少。[34]

明清以來，江西地區超大規模的大家庭已不多見，但數世同
居的大家庭仍復不少。如德化縣的鄭一愷，「怡怡一堂」，「未析

33　《宋史》卷四百五十六《列傳》第二百一十五《陳兢傳》。
34　《宋史》卷四百五十六《列傳》第二百一十五《陳兢傳》。

箸三世」，其叔鄭德甫無子，鄭一愷「事之如父，視膳三十年無倦色，殯葬皆力任之」。[35]除了三世同堂外，五世同堂的情況也很多。如明代廣昌廖秉綏之家，就是「五世同堂」，無人敢說要分家的，在家中「衣制無專有」，人人得而「隨便長短服之」：

> 廖秉綏，廣昌人，性友愛。五世同堂，婦入門無敢言分異者。衣制無專有，隨便長短服之。羅一峰倫高其誼，乃造其廬，言於有司，旌其門曰「雍睦」，復為文以揚之。[36]

清代浮梁縣五世同堂者甚多，如李澤楨、吳程氏、項允光、洪業儲等人，不僅有子有孫，而且還有曾孫、玄孫：

> （浮梁）嘉慶十八年（1813），下梅田都人李澤楨八十五歲，五世同堂，子三人，孫四人，曾孫四人，元孫一人。[37]
>
> （浮梁）（嘉慶）二十一年（1816），星槎都吳廷俊之妻程氏八十九歲，五世同堂，子三人，孫八人，曾孫十五人，元孫一人。[38]
>
> （浮梁）道光七年（1827），下梅田都人項允光，國學

---

35 同治《德化縣志》卷三八《孝友》，同治十一年刻本。

36 嘉靖《江西通志》卷十七《撫州府‧人物》，嘉靖四年刻本。

37 道光《浮梁縣志》卷十八《祥異》。

38 道光《浮梁縣志》卷十八《祥異》。

生，七十九歲，五世同堂，子一人，孫三人，曾孫六人，元孫二人。**39**

（浮梁）道光七年，魚步都人洪業儲，國學生，七十八歲，五世同堂，子三人，孫四人，曾孫三人，元孫一人。**40**

瑞金縣此類「五世同堂」的情況也不少。如清代陳文緒一家，就以「耆壽」和「五世同堂」，而獲得知縣贈予的「春圃秋潭」匾額。**41**清代耆壽劉元香年至九十六歲，也是「五世同堂」；其子劉良洲年至八十八歲，也「親見五世同堂」，劉家因此成為令人羨慕的大家庭典範：

（瑞金）劉元香，年九十六，五世同堂，乾隆四十九年（1784），知縣劉申詳，恩賜「黃耇繁衍」匾額。其子良洲年八十八，亦親見五世同堂，嘉慶十三年（1808），署縣周申詳，恩賜「眉壽延慶」匾額，九十三歲卒。**42**

在江西一些地區，「五世同堂」以外，「六世同堂」的情況也不鮮見。早在宋代，建昌府（治在今南城）的洪文撫就以「六世同居」聞名於世，宋太宗曾賜軸予以表彰：

39　道光《浮梁縣志》卷十八《祥異》。
40　道光《浮梁縣志》卷十八《祥異》。
41　道光《瑞金縣志》卷九《人物志下·耆壽》，道光二年刻本。
42　道光《瑞金縣志》卷九《人物志下·耆壽》，道光二年刻本。

（建昌府）洪文撫，建昌人，姓殷，避宣祖諱改焉。曾祖諤，唐虔州司倉參軍。文撫事親至孝，出告反面，飲食非自爨者不以奉親，以孝行著稱。六世同居，宋至道中賜御書百軸。文撫遣弟文舉詣闕謝，太宗飛白一軸曰「義居人」以賜之，命文舉為江州助教，旌表其門。[43]

明代廬陵（今吉安）耆壽陳萃峩，平生善舉甚多，且年登百歲，「六世同堂」：

（廬陵）陳萃峩，大沖人。孝友樂施，捐穀膳祭，並給族中貧乏及業儒者，建亭設茶，歷久不廢。年百歲，六世同堂。[44]

清代義寧州（今修水）的王槐柏，不僅壽至一百零六歲，而且「六世同堂」，膝下有子有孫，還有曾孫、玄孫數十人，甚至還親見來孫一人：

（義寧）奉鄉壽民王槐柏，年百歲。子五，孫五，曾孫二十六，元孫八，來孫一，六世同堂。壽至百有六歲。[45]

43　嘉靖《江西通志》卷二五《建昌府‧人物》。
44　民國《廬陵縣志》卷二十二下《耆獻志‧列傳‧耆壽‧明》，民國九年（1920）刻本。
45　同治《義寧州志》卷三九《雜類志‧祥異》，同治十二年刻本。

峽江的蕭習舜三兄弟也是六世同居，人口規模達到百餘口，無分內外，甚至「稚孺渾然於諸母之間，不復知母為所自出」：

（峽江）蕭習舜、習孔、習文，峽江人。六世同居，蕃衍至百數十人。家規整肅，耕讀紡績之勤，歲無虛日。長幼內外和氣熏蒸，稚孺渾然於諸母之間，不復知母為所自出。人不殖私財，事不涉妄費。間推所餘，以濟人利物。乾隆間，題請旌表。[46]

江西一些地區，歷史上甚至還有七世同居的例子。如清代贛縣的王宣卿一家，就是七世同堂，一家人口「凡二百人」，以家長督飭各項家務，閨中婦女亦雍睦和好：

（雩都）王宣卿，雩都人，徙居贛縣。自其祖勇樂生三子，孫、曾繁衍，至宣卿七世，群從子姓凡二百人，未嘗析箸。設家長以督諸務，門內外一稟承焉。閨中婦女亦雍睦和好。雩都易學實署其門曰「仁讓德門」。[47]

贛縣的羅崇儒一家，也是「七世同居」，人口也達到一百餘人：

46　同治《臨江府志》卷二七《人物傳九》，同治十年刻本。
47　光緒《江西通志》卷一六八《列傳‧贛州府》，光緒七年刻本。

（贛縣）羅崇儒，國學生，孝友，耕讀為業。自高、曾至元、曾，七世同居，食指百餘人，未嘗析箸。事無巨細，悉聽命於崇儒。一家之中，尊卑秩然。[48]

該縣的陳天秀一家，七世同居，男女各安其業，「無有猜嫌」，里人甚為敬重：

（贛縣）陳天秀，國學生。七世同居，男耕讀，女紡織，各安其業，無有猜嫌。為人正直，每出入閭里，人雖桀騖不馴，見之亦肅然起敬。嘗施藥以救貧病，全活甚眾。[49]

在數世同居的大家庭中，財產為家庭成員所共有，經濟生活上以平均主義為特色。如明代永新縣的吳子瓊一家六世同堂，男耕女織，人無私財，「出納衣食」均由家長決定：

（永新）吳子瓊，字品玉，以孝友著。子及孫文濱、曰修、吳哲、孔惠、吳鎮、懋行等，六世同堂。男耕女織，人無私財，出納衣食，悉聽命於家督，遠近咸高其義。有司屢延為鄉飲賓以獎異之，郡守江公靜峰榜其閭曰「義門」。[50]

48 同治《贛縣志》卷三八《人物志・孝友》，同治十一年刻本。
49 同治《贛縣志》卷三八《人物志・孝友》。
50 同治《永新縣志》卷十八《人物志・孝友》，同治十三年刻本。

這類同居共財的大家庭生活，在不少人看來是一種遙不可及的理想。明代永新人劉朝璽滿懷深情地寫下《義門吳氏六世同居記》，文字間對義門吳氏「世外桃源」般的生活充滿了嚮往：

> （蓮花）里中有吳氏者，自高祖歷今六世，丁口貳百有奇，合為一家。男務於耕，女務於織，各勤所事，以共濟一家之用。人無私積，戶無外樞，勞於外者不責其逸於內，勤於生者不責其濫於施。歲定當事二人，任意經營，咸聽指揮，出入盈縮，靡有較計。庭以內雍雍肅肅，不聞有間言，戚友至則互相款洽，並無區別。聞人學士仰其芳躅者，偶過必訪，而家不厭客，山肴野蔌，雜然並陳，以將敬士之意。歷任斯土者，咸旌獎之。[51]

清人李其昌在《雜作七律十八首》中，有一首《瑤坊吳義門六世同居》也稱頌了義門吳氏這種近乎「大和」的家庭生活：

> 孝友觀型匪易摩，延陵底事博陵過。
> 一門爕合追風雅，六世居同有大和。
> 洵著天真存渾噩，詎無人力補偏頗。

---

51 （明）劉朝璽：《義門吳氏六世同居記》，乾隆《蓮花廳志》卷八上《藝文志·傳記》，乾隆二十五年刻本。

由來百忍流芳遠，義重瑤坊近若河。[52]

在這種數世同堂的大家庭生活環境中，家庭成員幾乎不存在私有的觀念，他們處在「渾渾噩噩」的狀態中，根本不知「分」、「爭」為何物。地方官員曾至該處考察，不禁對「猶存於今」的「黃虞熙皞之風」極為嚮往：

　　（吉安府）郡守汪公觀風來禾川街，余講約璜宮，進其當事二人。詢以何為不分？對曰：自然不分。何為無爭？對曰：自然無爭。乃喟然嘆曰：不意黃虞熙皞之風，猶存於今，豈非失之於朝，得之於野乎？於是旌其閭曰「義門」。吾於是亦知吳氏不分之故矣。[53]

義門吳氏所處的瑤坊，極為偏僻，也有利於其家庭成員中「自然不分」、「自然無爭」觀念的保留：

　　（蓮花）吾邑西鄉之瑤坊，稱絕橄地也，風氣渾厚，其民惟唯力穡務本為業，目不睹藻繢綺麗之色，耳不聞囂訛哄

52　（清）李其昌：《雜作七律十八首》，乾隆《蓮花廳志》卷八下《藝文志·五七律》。

53　（明）劉朝璽：《義門吳氏六世同居記》，乾隆《蓮花廳志》卷八上《藝文志·傳記》。

鬥之聲。**54**

　　當然，要維持這種數世同居的大家庭，使之長期和諧地延續下去，還需要借助其他手段加以維繫，尤其需要有力人物出面，對家庭成員以「嚴整」的「家法」加以約束。清代金溪縣「六世同居，食指千餘」的馮賓予一家，就以「親親長長」為「家法」約束子弟：

　　　　（金溪）馮賓予，金溪人，順治間由臨川遷霞麓。子二，云會、云翰。賓予家法嚴整，教子弟以親親長長為先。六世同居，食指千餘，士農工賈各有恆業，老幼婦女皆遵約束，一門之內無間言也。**55**

　　同居共財作為一種家庭理想，受到廣泛稱贊，但大家庭，尤其是數世同居的大家庭畢竟是少數，大多數家庭尚未形成足夠的規模，就因各種原因而走向分裂。即便是那些少數的維繫數世同居的大家庭，也常常避免不了分裂的結局。大家庭之所以走向分裂，其原因是多方面的。特別是在大家庭人口過多的情況下，勢必形成多元化的利益中心，這對於大家庭的長期維持是極為不利

54　（明）劉朝噩：《義門吳氏六世同居記》，乾隆《蓮花廳志》卷八上《藝文志·傳記》。

55　光緒《撫州府志》卷六十四《人物志·孝友二·國朝》，光緒二年刻本。

的。南宋袁采就看到大家庭維持的不易：

> 兄弟同居，世之美事。其間有一人早亡，諸父與子侄其
> 愛稍疏，其心未必均齊。為長而欺瞞其幼者有之，為幼而悖
> 慢其長者有之。同居交爭，其相疾甚於路人，前日美事，至
> 甚不美，豈不可惜？[56]

袁采建議，兄弟若不和，不如早日分家，即使兄弟異爨，分
家後也仍能講求孝義：

> 故兄弟當分，宜早有所定，兄弟相愛，雖異居異財，亦
> 不害為孝義。一有交爭，則孝義何在？[57]

在江西歷史上，大家庭逐漸走向分裂也是不爭的事實，其原
因也多是「兄弟交爭」，尤其是數世同堂的大家庭，更容易產生
「兄弟交爭」的局面。

江西歷史上數世同堂的大家庭人口規模往往很大，百餘人、
數百人甚至上千人的大家庭屢見不鮮。例如瑞金縣的吳上起，壽
至九十七，曾「親見六代」，膝下男丁達一百七十餘口：

56　（宋）袁采：《袁氏世范》，（清）陳弘謀輯《五種遺規・訓俗遺規》
　　　卷一，中華書局一九三六年版。

57　（宋）袁采：《袁氏世范》，（清）陳弘謀輯《五種遺規・訓俗遺規》
　　　卷一，中華書局一九三六年版。

（瑞金）吳上起，字崇軒，年九十七歲，親見六代。學博黃澹圃贈以挽聯云：「生前連閏三萬六千零日，階下服喪一百七十餘丁。」尤為罕覯。[58]

峽江蕭習舜「六世同居」的家庭，也是「生齒百餘口」：

（峽江）蕭習舜、習孔、習文，峽江人。六世同居，生齒百餘口。規範整肅，長幼皆怡然自得，鄉里賢之。乾隆中，賜旌表。[59]

隨著大家庭人口規模的擴大，家庭內部往往分化為各「房」，進而成為大家庭內部的多個次中心。如大庾縣的潘子直一家六世同堂，隨著人口規模的擴大，逐漸分化為「叔侄十二房」等房份：

（大庾）潘子直，大庾人，事父孝，叔侄十二房同居。狀元任友龍為題聯句云：「六世同居，五經相授。」郡守饒應龍有詩，稱其孝義。[60]

58　道光《瑞金縣志》卷九《人物志下·耆壽》。

59　光緒《江西通志》卷一四四《列傳·臨江府》。

60　嘉靖《江西通志》卷三十七《贛州府·人物》。

人口規模的擴大和房份分化的復雜化，意味著在家庭成員之間利益的多元化。在這種情況下，雖然仍有人堅持「不忍分家」之義，但卻無法阻止大家庭走向分裂的趨勢。例如清代萬年縣的劉士國，曾長期維持五兄弟五十餘口的大家庭同居共財，盡管「義不忍分家」，但堅持到「耄年倦勤」之際，仍然不得不面對現實，允許大家庭「析箸」：

　　　　（萬年）劉士國，字必高，例授九品，富源塘濱人。秉性敦厚，行止端方。年十七，喪父，昆季有五，國居長，事嫡母曲意承順，撫弱弟竭力提攜，恩義兼盡，勸懲交至，諸弟成立完室，猶義不忍分家，政頗嚴肅，家人凡五十餘口，從不聞訴詈聲。迨耄年倦勤，始令析箸，一切田園，願讓肥美，甘領磽薄少年。[61]

　　又如浮梁縣被視為「孝友型家」的朱德宗，在「白首」之際，也不得不與其弟「分爨」異居：

　　　　（浮梁）朱德宗，字元良，北湖人。性至孝，邑令旌其堂曰「孝友型家」。與弟白首分爨，有式好風。時舉鄉飲賓以勵俗。[62]

61　同治《萬年縣志》卷七《人物志·善士》，同治十年刻本。
62　道光《浮梁縣志》卷十四《人物·孝友》。

再如鄱陽的王璽，雖然曾經無私地撫育異母弟王玉，但王玉長大後卻主動提出分家要求，後來王玉又幾次提出合爨和析產請求：

（鄱陽）王璽，字玉成，鄱陽人。二歲父出其母，繼母張生玉。父歿，璽事繼母，撫弱弟，孝友無間。比玉長，請析產，璽恣弟意，無所校。數年，玉喪其資，復請合爨，許之。數年又請析，璽給田宅如初。翰林史珥為之傳。[63]

父母的逝世，也往往成為兄弟分家的契機。如清代浮梁縣的金兌說，年輕時喪妻，因撫教諸弟而不及再娶，但在父母逝世後，卻出現「諸弟求析箸」的情況：

（浮梁）金兌說，字澤萬，英溪人，邑庠生。九歲喪母，哀毀若成人，事繼母無缺禮。幼弟三人，相次就學，皆兌說躬教之成材。年二十二，喪妻，遂不續娶，而以其力為諸弟昏。父嘗謂曰：兒為弟計，自鰥三十年，不知古有此人否？然竟不娶。父卒，哀慕如孺子。既，諸弟求析箸，田宅自取瘠敝，而以新腴讓弟，並其所自置，亦均分焉。里中老者以為僅見。[64]

63　光緒《江西通志》卷一五六《列傳·建昌府》。

64　道光《浮梁縣志》卷十四《人物·孝友》。

又如臨川的易銳宗，盡管長期維持與長兄遺孤組成的大家庭，但在為其母執喪期間，長房因不願共同承擔經濟責任，而提出分家要求：

> （臨川）易銳宗，臨川人……兄可宗病，銳宗侍疾四月，晝夜不懈。篤敬孀嫂，遺侄長文，銳宗待若己子，教養婚娶，身任不辭。迨銳宗廬母墓，嫂患業荒累其子，或勸嫂析產。銳宗聞之，盡以田予嫂，而自食其力，以善全嫂氏之節焉。知縣秦沆給區「鶼鶴重巢」四字，表其廬。[65]

安遠的曾延學，雖曾指教諸弟學經，但在其父喪事結束後，其大家庭也走向解體：

> （安遠）曾延學，字柳衣，監生，重石堡蓮塘人。母早逝，父染病，在書室調治，延學侍奉兩載，晨夕弗離，兼迪諸弟經書。父歿，廬墓三年後分家，貲聽諸弟自擇，絕不較量。而倡修家廟，豐潔享祀，尤足型俗。[66]

三、分家析產習俗

大家庭分裂為小家庭的過程，涉及到分家析產的複雜環節。

---

65 光緒《撫州府志》卷六十五《人物志·孝友三·國朝》。
66 同治《安遠縣志》卷八之七《人物志·孝友》。

中國傳統的分家習俗，強調「諸子均分」原則，講究在對等房份之間平均分配財產。例如，清代瑞金縣的謝上詔，自幼出繼伯父，按照慣例，他可以獲得家產的一半，其餘四兄弟也則獲得其餘的一半。但謝上詔卻自願放棄這一權利，要與諸兄弟將家產均分五份，時人因此盛贊其「善讓」之風：

> （瑞金）謝上詔，字丹宣，雍正二年歲貢……先，上詔之祖生二子，上詔出繼伯父，祖欲析產為二。上詔請於祖，願與本生兄弟五人均分。其善讓又如此云。[67]

又如劉光祖，也以出繼叔父為後，本享有分得家產一半的權利，但他也因無私地與兄弟均分，而為時人所稱道：

> （瑞金）劉光祖，字觀上，雍正己酉歲貢。昆弟四人，光祖以父命出為叔父後，遺產近千畝，光祖悉與弟均分。[68]

在民間分家析產的習俗中，「諸子均分」制只是體現了公平的原則，它還不是最理想的分家方式。即使是分家，也應當展現孝友精神和推讓之風。東漢薛苞經常被引用，以說明分家過程中應展現推讓精神：

67　道光《瑞金縣志》卷七《人物志上·孝友》。
68　道光《瑞金縣志》卷七《人物志上·孝友》。

汝南薛苞，字孟嘗。喪母，以至孝聞。後母憎苞，出令別居。日夜號泣，不肯去，被毆打，不得已，廬住門外，旦夕灑埽進養。父怒之，又廬於裡頭，晨昏不廢。積歲，父母慚而還之。後行六年服，喪過其哀。而弟子求出居，苞不能止。乃中分財，奴婢引其老者，曰：「與我共事久，若不能使也。」田廬取其荒者，曰：「吾少時所治，意所戀也。」器取朽者，曰：「我服之久，身所安也。」徵拜侍中。苞性恬虛，以死自乞，有詔聽焉，禮如毛義。[69]

在江西各地的分家習慣中，被視為最值得稱道的，是兄弟之間都能如薛苞一樣競相推讓。例如定南的李耀嵩，事父以孝聞，其父逝世後，又能訓育幼弟成人，最令人羨慕的，是兄弟之間析產之際的「交相推讓」：

（定南）李耀嵩，橫江人。年十二，父病，臥床第，嵩左右服事，歷三年如一日。沒，擗踴哀泣逾成人，守墓二十七月。訓弟力學，完婚娶，怡怡數十年無忤色。比析產，交相推讓。[70]

又如安遠的賴啟生，在「分家資」之時因「兄弟交讓」，而

69 （晉）袁宏：《後漢紀‧章帝紀》卷十一，中華書局二〇〇二年版。
70 同治《定南廳志》卷五《人物》，同治十一年刻本。

受人稱贊，賴啟生因此而名登「孝友」傳：

> （安遠）賴啟生，字自修，瑰村人。孝事雙親，友愛諸弟。後辟居汶水，分家資，兄弟交讓，一堂和睦。[71]

分家析產的過程中，一般是無法出現「兄弟交讓，一堂和睦」的情形的，在這種情況下，若有一方能主動遜讓，也仍值得稱讚。如明代瑞金楊勝掠，在兄弟析產之際，「己取其瘠，而以腴者畀弟」，充分展現了推讓精神，而受到官方的表彰：

> （瑞金）楊勝掠，賦性朴願，居家孝友。父母篤老，勝掠已皓首，依依如孺子。兄弟析產，己取其瘠，而以腴者畀弟。裡人上其事，巡按某特襃嘉之。[72]

又如朱明瑞，甚至將自己所置產業拿出來，讓其子與諸子均分；其子朱黻能發揚乃父遺風，與諸從兄弟析產時，「取惡讓美」，頗為人所稱道：

> （瑞金）父歿，事繼母以孝聞，撫幼弟成立。後皆早世，又撫三姪如己子。己所有產，呼子與姪均分……子黻，

71　同治《安遠縣志》卷八之七《人物志‧孝友》。
72　道光《瑞金縣志》卷七《人物志上‧孝友‧明》。

樂善好施，兄弟析產，皆取惡讓美。[73]

清代瑞金的蕭鑾，自幼出繼叔父為後，本可分得家產的一半，但卻不計較生母偏袒的分家安排，甚至在諸弟敗落之後仍然「給田奉母」、資助諸弟，「人服其孝」：

> （瑞金）蕭鑾，字粥襄，自幼出為叔父後，與父同創家業。父後生子五人，父歿，母偏愛己子，析產時僅給鑾田七畝，屋二間，鑾欣然受之，無間言。復自經營，積累致富。而諸弟家竟敗落，鑾乃以原給田奉母，仍日具甘旨以養，並分給諸弟財產，終身顧復其子孫，人服其孝。[74]

定南縣的廖嘉卉，在與伯兄析產的過程中，因自願將家產多數讓與伯兄，「人咸以為賢」：

> （定南）廖嘉卉，少喪父，其母痛絕數四，時嘉卉甫七齡，即能委曲承順，慰安母心。後兄弟析產，以伯兄食指繁興，弟僅受十之三，而以十之七歸伯兄，人咸以為賢。[75]

73　道光《瑞金縣志》卷七《人物志上・孝友・明》。
74　道光《瑞金縣志》卷八《人物志中・義行》。
75　同治《定南廳志》卷五《人物》。

　　浮梁縣的「孝友」人物中，此類「自取瘠薄」，「讓以膏腴」的例子也很多：

　　　　（浮梁）李廷桂，字子馨。朴實長厚。善草書，好吟詠。事繼母以孝聞。與從弟分產，自取瘠薄，而推膏腴讓之。嘉靖二十四年飢，捐穀三百石，以周貧者，人稱其有乃祖原魁風。[76]

　　　　（浮梁）戴文暢，邑諸生。事繼母以孝稱，繼母弟幼，文暢均產，讓以膏腴，有司獎之。[77]

　　　　（浮梁）汪兼全，字在鎔，潭口人。謙退持重，與物無競。兄弟分產，甘取其荒頓者。論者以比東漢薛苞也。[78]

　　大家庭經過分家析產，分裂為數個小家庭，但小家庭之間仍然以各種形式保持著聯繫。尤其是一旦小家庭之間出現嚴重的經濟分化時，保持互助關係就顯得必不可少了。例如清代浮梁縣的黃石，在與其弟分家後，「弟破其產」，黃石又以己田資助之：

　　　　（浮梁）黃石，字亦公，西隅人……尤篤友愛，析箸後，弟破其產，復分己田百畝贍之，恥言錢米，而推與弗

76　道光《浮梁縣志》卷十四《人物・孝友》。
77　道光《浮梁縣志》卷十四《人物・孝友》。
78　道光《浮梁縣志》卷十四《人物・孝友》。

倦。先後邑宰多重其品望。[79]

又如張榮昉，不僅分家時發揚推讓精神，而且在分家後又因「兩弟之產已罄」，而分自己的財產接濟之：

> （浮梁）張榮昉，字於光，監生，峙潭街人。性醇篤，同懷三人，昉居長，析箸時，以產讓叔、季，能得父母歡心。昉善謀生，家計漸裕，兩弟之產已罄，昉復分財以給之，無德色，怡怡如也。[80]

再如清代瑞金縣的賴霽云，與兩個弟弟分家後，也因二人「衣食不給」，而常以自己的筆耕館穀相接濟。[81]賴時善除了在與長兄分家之際「讓善受惡」外，還在其兄家道中落後，仍然「晨夕奉養，殷勤周到」，臨終前還囑咐子孫要「善事伯父」：

> （瑞金）賴時善，字淑士，歲貢，官進賢縣訓導，父日生，家累萬金，田廬婢僕之盛，甲於一邑。時善生而敦朴，無紈袴氣習。父卒，家事一秉於長兄，事之如父。母將終，遺命析產。時善獨讓善受惡，謂兄支持門戶數十年，交游日

79　道光《浮梁縣志》卷十四《人物‧孝友》。
80　道光《浮梁縣志》卷十五，《人物‧義行》。
81　道光《瑞金縣志》卷七《人物志上‧孝友》。

廣，費用恐不能給，吾衣食才足可矣，何多為？既而兄家中落，時善晨夕奉養，殷勤周到，無少怠……時長兄年逾八十，時善事之彌謹。臨終，猶以善事伯父屬其子若孫，其友恭至老不衰如此。[82]

崇仁的呂肇堂在分家之後，仍以居官薪俸均分兄弟：

（崇仁）呂肇堂，字朗山，崇仁人。幼慧工制藝古文，邑令曹公□□試拔冠軍。己亥，中鄉榜七名，以大挑分發四川□□……家居恬淡自適，友於出於天性，兄弟前已析產，後仍取廉俸多寡均分，鄉人共高其誼。[83]

為了調劑小家庭之間的經濟分化，有時甚至還出現再分家的。如清代德化縣（今九江縣）的夏本仁，其與兩兄分家時，分家方案就「屢有更易」，夏本仁因「義讓不較贏縮」，而受人稱贊。[84]

再分家時，參與分家的當事人，除了對大家庭原有的產業進行重新分析外，也有將各自後來添置的產業加入分析的。如清代新城（今黎川）人陳守詒，就因長兄陳守誠一家因「好施與」，

82　道光《瑞金縣志》卷七《人物志上・孝友》。

83　光緒《撫州府志》卷五四《人物志・宦業六・國朝》。

84　同治《德化縣志》卷三十九《善士》。

致死後「無餘蓄」，而率諸弟「各出所有重析之」：

> （新城）陳守詒，字仲牧，道次子，官兵部武選司員外
> 郎。居二年，以兄守誠卒，引疾歸。先是，守詒以親命，與
> 昆、季析產，而守誠好施與，既卒，遂無餘蓄。守詒諗其
> 故，乃率諸弟各出所有重析之，鄉里嘆其賢。[85]

再如彭澤人萬珍，也因分家之後「兩弟中落」，萬珍於是拿
出自己的產業再次分家：

> （彭澤）萬珍，字君玉，彭澤人，兄弟三人析產以居，
> 會兩弟中落，珍出己產，重三分之。[86]

有時再分家，是由擁有繼承權的人口變動而引起的。如元代
寧州（治在今修水）的王仕俊，有兄王仕通，其父曾將家產分為
兩份。但其父後來又生庶子王仕郁，其兄不願讓出已分到名下的
產業，王仕俊則願拿出分到自己名下的產業，分一部分給庶弟，
時人認為這是「種德」之善舉：

> （寧州）王仕俊，奉鄉人，元至正間立寨保障，鄉人賴

85　光緒《江西通志》卷一五六《列傳·建昌府》。

86　光緒《江西通志》卷一六六《列傳·九江府》。

之。有兄仕通，其父以家產分給為二。後父又生庶子名仕
郁，初生時，父慮產業已分，難其後，將不育，問之二子。
仕俊進曰：既生之，而置之死，何忍也？即以已產分之。由
是仕郁始得存，而子孫至今為盛。鄉人稱羨，因別號為種德
云。[87]

又如明代浮梁的馮鼎，其父曾將家產分與馮鼎及其兄馮昇二
人。但後來其父又連舉四子，其父遂將家產分為三份，令四庶子
得三分之一。父、兄逝世後，馮鼎重新主持分家活動，將家產均
分為六份：

> （浮梁）馮鼎，父鶴，析產為二，以授鼎及其兄昇。後
> 妾又舉四子，父疾革，取向所析分為三，令鼎、昇與庶弟各
> 得其一。父、兄相繼歿，鼎言於昇妻，總前產而離為六，均
> 有之。有司表其堂曰「成讓」。[88]

分家過程畢竟涉及小家庭之間的利益劃分，隱含著潛在的利
益沖突，它不可能總是在兄弟推讓的和諧氣氛中進行。實際上，
兄弟推讓的分家狀態在很大程度上只是一種理想，更現實的情況
往往是，兄弟之間因「析產不均」而產生劇烈的衝突，甚至因此

87　嘉靖《寧州志》卷十七《人物》，嘉靖二十二年刻本。
88　道光《浮梁縣志》卷十四《人物‧孝友》。

而積年涉訟。例如明代吉水知縣徐若訥，就曾經成功處理過一例弟告兄析產不均的案件：

（吉水）徐若訥，字不愚，婺州人，吉水令。邑民有訟其兄析產不均者，若訥使合兩要，舉弟所得者以與兄，二人悅服。[89]

清道光三年，江西巡撫程含章到任「甫及兩旬」，就收到「兄弟告狀者」三案，其中一案就是興國縣「三年不結」的謝其侖控其胞兄謝其山「分產不均」案。程巡撫認為，這等「同室操戈，不知孝弟為何事，人心風俗，澆薄已甚」。[90]

第二節 ▶ 宗族的結構與功能

一個家庭經過幾代的繁衍，人口逐漸增多，血緣關係將趨於淡化。即便是數世同居的大家庭，也難免走向分家析產的結局。但分家卻並不意味著所有聯繫的終結，實際上，各家庭之間仍有許多共同事務需要完成。為了舉辦這類公共事務，尤其是為了完成共同的祭祀活動，宗族組織得到強化。江西歷史上的宗族組

89　嘉靖《江西通志》卷二十五《吉安府·人物》。
90　《撫程通飭兄弟叔侄爭訟先教化而後刑罰辦理章程》，《西江政要》（道光三年），道光三四五年合抄本，第 64-67 頁。

織，發展得相當普遍，在族內互助與社區管理中發揮了重要的作用。直至今日，仍能看到宗族組織的重要影響。

一、宗族組織的形成

一個家庭經過分家析產，仍然有許多事務是無法分開的。如父母在世時的分家，往往有提留一部分贍養父母的產業；父母去世後，這份產業又往往被用於祭祀。這樣，分家後的幾個小家庭仍然密切地聯繫在一起。如：

（橫峰）橫邑民間往往因子女眾多，將其子分居，各度有產業者，自己約留財產，名曰贍養產。父故，由母管理之，其子不能主張均分或變賣。故父母均故，則撥作父母祀產者居多，然此時亦有經協議均分或變賣者。[91]

為維持父母祭祀活動，熱心的人往往倡導修建「家廟」，這樣，已經分家的幾個家庭之間就形成了較為固定的祭祀組織。如安遠縣的曾延學：

（安遠）曾延學，字柳衣，監生，重石堡蓮塘人。母早

91　前南京國民政府司法行政部編：《民事習慣調查報告錄》第四編《親屬繼承習慣》第十章《江西省關於親屬繼承習慣之報告》第十六節，橫峰縣習慣・第二贍養產之權限。

逝，父染病，在書室調治，延學侍奉兩載，晨夕弗離，兼迪諸弟經書。父歿，廬墓三年後分家，貲聽諸弟自擇，絕不較量。而倡修家廟，豐潔享祀，尤足型俗。[92]

除了共同舉行祭祀活動外，分家後的幾個家庭往往還圍繞宗祠，在教育、賑濟等活動中形成互助組織。如金溪的彭洪川，分家之後除費千金創宗祠外，還在宗祠之左修建家塾，又捐助田產作為宗族備荒公費：

> （金溪）彭洪川，捐職州同，金溪人。少孤，家窶甚，徒步至楚北，歷涉黔蜀，累至數萬金……與兄淇川早析產，既富，出所創產業均分之。費千金創造宗祠，於祠左別構家塾，復捐六百金為塾中公費。捐田數十碩存祠生殖，備凶年平糶之用。卒年八十。[93]

在江西各地，分家之後的幾個家庭一旦有事，有開親屬會的習慣，以決定相關事項的處理，特別是「公益事」，往往有專門的「經理人」負責：

> 親屬會議應由事主招集，公益事由經理人招集，無經理

92　同治《安遠縣志》卷八之七《人物志‧孝友》。
93　光緒《撫州府志》卷六十八《人物志‧善士三‧國朝》。

人由熱心公益之人招集。集議時由至親尊長主席。決事則公同議決。意見歧則從多數。決定後由事主施行，或經理人施行，或公推一二人依議施行。**⁹⁴**

以上這些活動經過幾代、十幾代人的不斷開展，逐漸積累起豐厚的族產，建立起大型的宗祠，實現了嚴密的宗族管理。宗族組織嚴密化的標誌之一，是宗祠的普遍建立。在廣昌縣，「大宗祠堂」、「小宗祠堂」俱建於「中央最勝之地」：

> （廣昌）邑遵朱文公家禮，家有大宗祠堂、小宗祠堂，俱建於中央最勝之地，而子姓環處焉，示重地也。春秋各祭於小宗，冬至則合祭於大宗。**⁹⁵**

宜黃縣也是「宗族必有祖祠」，「族繁者」甚至還有「房祖祠」，「大族」甚至「多至數十」，且「規模必宏整，過於第宅」：

> （宜黃）宗族必有祖祠。族繁者各有房祖祠，大族多至數十。規模必宏整，過於第宅，各有祀產。**⁹⁶**

---

94 江峰青：《江西調查民事習慣問題》第四編《親屬關係》第六章《親屬會》。

95 同治《廣昌縣志》卷一《風俗志》，同治六年刻本。

96 同治《宜黃縣志》卷十一《風俗志》，同治十年刻本。

瑞昌縣的宗祠建立也相當普遍，在同治年間編纂的縣志中，就詳細地收錄了該縣四十四所宗祠名錄。[97]萬載縣除了「各族建大祠」外，「近日支祠愈多，歲時會聚，統於所尊」[98]。

　　宗祠是族人共同祭祖的場所。如峽江縣，「凡聚族而處者，必有宗祠，謂之祠堂，以奉先世神主」[99]。為了提高本族聲望，許多宗族援引歷代名人，作為宗祠中祀奉的祖先。如瑞昌縣的周氏宗祠，就以唐代尚書周勛、宋儒周敦頤為崇祀對象；范氏宗祠則崇祀宋代名臣范仲淹；何氏宗祠祀奉的始祖，是「宋金紫光祿大夫孟貴公」；等等。[100]通過對這些名人祖先的崇祀，族人間形成強烈的認同。

　　為維持各項宗族活動正常進行，需要充足的資金支持。江西各地在新中國成立以前，與宗祠的普遍建立相一致的，是大量的族產積累。一般來說，每代人分家之際，都有一定數量的提留，這些產業經過長期積累，數量相當可觀，成為族產極重要的來源之一。此外，各種捐集款項也是族產的經常性來源。在寧都縣，為支付修族譜、供祭祀等全宗族的共同花費，各族中大多設有「眾會」，以籌集和管理資金：

　　　　（寧都）風俗，大抵聚族而居，各族之中多有眾會。其

97　同治《瑞昌縣志》卷二《建置志》，同治十年刻本。
98　民國《萬載縣志》卷一之三《方輿志・風俗》。
99　同治《峽江縣志》卷一下《地理志・風俗》，同治十年刻本。
100　同治《瑞昌縣志》卷二《建置志》。

成立時，先由族人倡首捐集款項、訂立簿籍、登載用途及其管理方法，以便世守。此種財團法人之作用，大約以辦理公益及慈善事業為指歸，如修族譜、供祭祀、修道路或建醮禳災等類，皆為眾會應辦之事。其管理人則由族眾公推。生息方法不外貸款、貸穀數種，秋冬收息以作正用。[101]

在江西各地，族產的管理與收益，一採取「分戶輪值」的方式進行。由於族產用於祖先祭祀的花費，與族產的整體收益相比並不大，因此，輪收族產便成為一項有利可圖的工作。在南昌、新建一帶，有人還以輪收年份之收益「典當銀錢」的：

南昌、新建等縣，民間共有田畝之管業，恆分戶輪值，按年收租，以供祭祀祖先之資。然祭費無多，恆有贏餘。每多輪值之年，該戶即不啻得一宗資財。故平日每於銀錢缺乏時，即預指其輪收可得之租穀為目的物，以典當銀錢。蓋猶以其共有田畝內個人應有部分之收益為典當目的物而已。[102]

在少數地區，族產的經營與管理權卻以競標的方式拍賣，價

101　前南京國民政府司法行政部編：《民事習慣調查報告錄》第一編《民律總則習慣》第二章《江西省關於民律總則習慣之報告》第四節，寧都縣習慣・眾會。

102　前南京國民政府司法行政部編：《民事習慣調查報告錄》第二編《物權習慣》第十章《江西省關於物權習慣之報告》第二十四節，南昌、新建等縣習慣，第三，分田之輪收租各為典當目的物。

高者得。如樂安縣，其祠產就由本祠子孫拼領包管：

> 　　樂安各姓皆有祠產，多由本族人捐集及由祠產餘利項下
> 出價典買而來，惟無詳細規條。大族中雖有規條榜示，亦不
> 過為約束子弟及祭祀之儀節而已。關於財產之經理，並非公
> 推輪管，實由本祠子孫備價，當眾拼領承管，此種情形係樂
> 邑特別習慣。例如，祠產田租可收若干石，以出價最多之人
> 拼領，由其包管包收，所有納糧祭費概歸其擔任。經理年限
> 並無一定，有至十餘年者，每年於清明節前後清理一次，然
> 拼領人每多積欠拼價，因以糾葛成訟。惟祠產數目概載於譜
> 牒簿冊，以存憑證也。[103]

二、祭祖與修譜

　　宗族首先表現為祭祀組織的形態，對祖先的共同祭祀是形成
族人間相互聯繫的重要方式，這些祭祀活動在年節之際不斷重
演，其聯繫也因此得以維系和強化。

　　明清以來流行的宗族祭祀活動，主要分為祠祭和墓祭兩種，
但在此之前，宗族祭祀活動特別是祠祭的具體內容經歷過較大的
變化。正如民國《德興縣志》中所說的，歷史上的宗族祠廟與祭

103　前南京國民政府司法行政部編：《民事習慣調查報告錄》第三編《債
　　　權習慣》第十章《江西省關於債權習慣之報告》第十七節，樂安縣
　　　習慣・第三，祠產由本祠子孫拼領包管。

祀制度，在明代以前一直處於變化之中：

> 古者，庶人無廟而祭於寢。宋時，庶人祭三代，而不及
> 高祖。程子言：「高祖有服，不可不祭。」明制：庶人得祭
> 四親。今民間宗祠所祭，不止四親。自四親以上不拘世數，
> 皆合祭之，蓋不失為追遠厚道。第祠堂則合祭，清明則墓
> 祭、寢祭，雖止四親可也。[104]

這些宗族理論與制度的改革，以宗法倫理庶民化為特色，使
明清以來宗族組織在民間得到普遍發展。

以祠祭、墓祭為主要內容的宗族祭祀活動，按照祭祀時間的
不同，又可分為春祭、秋祭、冬祭等。在德化縣（今九江縣），
除了「私居」時節之祭外，闔族無論墓祭、祠祭，都流行在春季
舉行：

> （德化）春具酒肴祭掃於墳，謂之墓祭。立祠宇者，祭
> 木主於寢室，謂之祠祭。私居各以時節拜祭於中堂，往往禮
> 俗相半。[105]

又如崇仁縣，也是春、冬兩祭。峽江一帶主要流行春、冬兩

104　民國《德興縣志》卷一《地理志‧風俗》，民國八年（1919）刻本。
105　同治《德化縣志》卷八《風俗》。

祭。行祭之際，「合族之人皆與，宗老主之」，祭畢則依尊卑昭穆，「布席祠下」，「分胙餕余」。通過展演祭禮，宗族內部的尊卑秩序得到強化。

（峽江）四仲之祭，春、冬尤嚴。春用清明日，冬用長至日。先一日告祠出神主設位。執事者省牲滌器，陳設具饌，質明行事。合族之人皆與，宗老主之。仕族禮用三獻，祭畢納神主撤饌，分胙餕余。布席祠下，宗老上坐，其餘以昭穆齒，宴飲盡歡，肅揖而退。[106]

萬安一帶大型的祭祖活動，也集中於清明、冬至，「每祭必先醮墳，而後行禮」。每次行禮極受重視，安位安牌之後，還安排彩牌的環節。參與祭禮之人，又分為主祭、分獻、引禮、執事、總理等多人。禮畢還會向族內男丁派發胙肉或胙錢：

（萬安）祭祖以清明、冬至節為期。每祭必先醮墳，而後行禮。其族大財盛、能備祭儀者，先日設牌位，日午省牲，夜間習儀，質明行祭，皆整衣肅冠。主祭者族長，分獻者房長，引禮者紳士，執事者儒童，總理其事者頭人。祭用三獻，門外設燎火，其胙有生有熟，或發胙錢。主祭、分獻、引禮、執事、頭人，另有生胙。秋祭，唯中元節焚錢，

106　同治《峽江縣志》卷一下《地理志·風俗》。

不醮墳，鮮有行祭備禮者，有之亦在中元節內。[107]

萬載一帶闔族大祭也主要是清明與冬至兩節，尤以冬至之祭極重，祭前三日即開始准備儀具，前一日也有彩牌環節，稱為「習儀」：

> （萬載）清明節子姓衣冠集祠，相率祭墓。而冬至之祭尤重，前三日張燈陳器，用鼓吹滌蕩之，祭之前日，豫習其儀，曰習儀，於五鼓行祀禮，曰正祭。主以族之宦達或族長，其升降獻酬之節，率以朱子家禮為准。祭畢，布席而餕。蓋尊祖敬宗，收族之誼，胥於是乎在。[108]

玉山等地，清明、冬至兩祭外，還流行中元秋祭：

> （玉山）清明春祭，中元秋祭，日南至冬祭。於墓，於祠，於寢。君子以為有禮之意存焉。[109]

泰和縣闔族大祭也主要是這三次：

107　同治《萬安縣志》卷一《方輿志‧風俗》，同治十二年刻本。
108　民國《萬載縣志》卷一之三《方輿志‧風俗》。
109　同治《玉山縣志》卷一下《地理志‧風俗》，同治十二年刻本。

（泰和）祭禮，在正月朔日，則祀天地祖先。清明日、
七月十五日、十一月冬至拜墓、祭祠……雖各有所取，而儀
節未盡合，宗祠盛而祭典數，或亦報本追遠之遺意乎?[110]

星子縣闔族共同參與的大祭，也有三次，但秋祭不在中元，
而在秋九月：

（星子）凡遇先祖考妣誕辰忌日，皆致酒。清明祭於
墓，秋九月祭於祠，冬至日祭始祖。[111]

新城縣（今黎川）一年之內的闔族之祭甚多，除了冬至祭始
祖、立春祭高祖以上外，還有新正合祭、春秋仲月之祭等：

（新城）俗重祠祭、墓祭。冬至祭初祖，立春祭高祖以
上，新正合祭、團拜。春秋仲月望日，祭高曾祖禰及祔食，
子孫皆於祠。清明至穀雨，霜降至立冬，則遞祭於墓。大
姓、中姓多合力創飾宗祠，積貲廣醮產，以供祠祭、墓
祭。[112]

---

110 同治《泰和縣志》卷二《輿地考・風俗》，光緒四年刻本。
111 同治《星子縣志》卷一《疆域志・風俗》，同治十年刻本。
112 乾隆《新城縣志》卷七《風俗志・崇尚》，乾隆十六年刻本。

安遠縣的宗族祭祀活動也極多，每年春分、清明、秋分、冬至皆有集會祭祀，尤其是清明與中元的祭祀最為熱烈：

> （安遠）聚族而居，族有祠，巨姓數千人，少或數百人。祠有譜牒，遠溯分傳之祖，即唐宋以來源源本本，宗派丘墓，昭然可稽。立贍租，或二分，或清明、冬至，子孫皆集，尊卑長幼，秩敘不紊，發胙晏飲，房族長矜皆受惠。其尤重者，清明墓祭、中元焚紙鏹，靡戶不然。此外，又有生誕、忌辰之祭，雖或無贍，亦必誠必信，潔牲醴拜於家堂，返本追遠之情厚矣，君子美之。[113]

與上述祭祀活動相伴隨的，是頒胙和團拜活動。頒胙往往是祭禮的最後一個環節，一般發生於元旦祠祭或清明墓祭。如金溪一帶，元旦集祠祭祖後，有「計丁給餅」之俗：

> （金溪）正月元旦，至祠堂祀祖，鼓吹蕆事，卑幼次第拜尊長。拜畢，計丁給餅，謂之祠餅。[114]

宜黃等地元旦、清明祭祖均有頒胙，元旦頒「按丁給熬餅」，清明則須「紳士」或六十以上老年方有資格領「受胙」：

---

113 同治《安遠縣志》卷一之八《地理志·風俗》。

114 同治《金溪縣志》卷四《地理志·風土》，同治九年刻本。

（宜黃）元旦，子姓必至祠拜祖，孩提均至，按丁給熬餅。清明，自始遷祖以下，次序舉祭，推尊爵或年高者主祀與祭。紳士及六十以上老人均得受胙。[115]

宗族組織通過祭祀與頒胙環節，目的是強化族人間的認同，確立族人間的尊卑等級秩序。在江西一些地區流行新正團拜之俗，更可以看到宗族組織「敘尊卑」、「親尊長」的這種用意。如新喻縣的新正團拜活動：

（新喻）新正，合族敘尊卑，親尊長，視尊長所在之房先致拜賀。將入門，合房出門肅候。相見，逐輩揖。每門讓客入門而右，主人入門而左，尊者俟於堂上，客升階請賀，賀尊輩再拜，受，同行一拜，不受，卑幼排班三揖，隨逐輩照班次答謝肅坐，依行齒序，毫不敢紊。坐定，果酒十二杯，辭退，主西客東，逐輩相送畢。尊長亦率同房子侄往答賀，敘尊卑，果酒如初。[116]

為族人確立尊卑秩序的手段，除了祭祖、頒胙、新正團拜外，編撰族譜也是重要的一種。如東鄉縣族必有譜，即使是那些「遷居遠出」的族人，在族譜中亦「昭穆皆可考」：

115 同治《宜黃縣志》卷十一《風俗志》。
116 同治《新喻縣志》卷二《地理二·風俗》，同治十二年刻本。

（東鄉）族各有祠、有譜，遠派近支，數百年秩然不紊。雖遷居遠出，昭穆皆可考。[117]

族譜作為宗族人口的權威登記資料，往往還被賦予「收本支，別非種」的功能。如新城縣（今黎川）的族譜編撰：

（新城）近各族尤重譜牒，凡有宗祠者，無不修宗譜以收本支，別非種。[118]

萍鄉的族譜也強調「同姓異宗必嚴辨之」：

（萍鄉）士大夫重譜系，無數十年不修者。同姓異宗必嚴辨之，不妄援名人，不輕錄養子。[119]

由於族譜如此重要的作用，人們對族譜因此異常重視，保存族譜因此成為一項重要的工作。宜黃一帶，為防族譜發黴腐朽，還將每年的六月六日定為「曬譜」之日[120]，可見對族譜的珍重程度。

117　同治《東鄉縣志》卷八《風土志》，同治八年刻本。
118　乾隆《新城縣志》卷七《風俗志‧崇尚》。
119　同治《萍鄉縣志》卷一《地理志‧風俗》，同治十一年刻本。
120　同治《宜黃縣志》卷十一《風俗志》。

三、宗族互助與自我管理

宗族組織除了在儀式層面舉行各種祭祖活動外，它還承擔大量的族內互助事務，實現宗族內部的自我管理。其承擔的族內互助事務相當廣泛，既包括以宗族為單位的倉儲賑濟活動，也包括面向廣大族人的基礎教育，還承擔各種公共工程。

在傳統時代，水旱災害時常出現，由於國家賑濟系統不夠完善，民眾經常陷入流離失所的境地，由宗族組織的義倉活動，在很大程度上解決了這一問題。許多宗族義倉，是在分家建廟之際就成立的。如興國縣的鐘光選、鐘光遴兄弟，在建祖祠之際，曾各捐穀立義倉：

> （興國）鐘光選，字明道，監生，性慈惠，尤篤於宗誼。先世自城北遷居龍坪，光選不忍區別族從，遺命諸子設家廟，立義倉，以收合之。生平所捐造橋梁，歲時修補，久而弗憚……里族咸推重之。[121]
>
> （興國）鐘光遴，字司鐸，光選弟，例貢生。居家孝友，待戚族有恩，嘗與光選諸子共捐二千餘金，建祖祠，又各捐穀百石，倡立義倉。戚黨中有謀鬻子女度荒歲者，贈以錢米，俾得完聚。[122]

121 同治《興國縣志》卷二十五《人物三》，同治十一年刻本。
122 同治《興國縣志》卷二十五《人物三》，同治十一年刻本。

崇仁謝廷恩捐置的義倉，也設置於家祠中，主要用於借貸族人：

> （崇仁）謝廷恩，字清德，崇仁人。家貧，學書算，負販於蜀，漸豐裕，通貨閩廣……不二十年，資累巨萬。分其余周親舊。更於家祠設倉儲穀，以貸族人。建義倉，輸穀萬六百石以實之。[123]

宗族義倉的設置，一般由宗族中熱心公益的人士捐置設立。如崇仁人曾廷紳，因見道光年間大祲，先買穀平糶，後設本族義倉，以備凶荒：

> （崇仁）黃廷紳，字魚笏，崇仁人……道光辛卯（1831）、壬辰（1832），連歲邑中大祲，先買穀三千石，設局平糶，以濟鄉鄰。本族義倉，屢捐穀石。[124]

又如泰和的張殿珍，曾幾次向族義倉捐穀：

> （泰和）張殿珍，乾隆七年（1742）捐穀二百五十石，為族義倉。乙酉（1765）歲荒，傾積穀助賑，又煮粥食貧

---

123 光緒《撫州府志》卷六十八《人物志·善士三》。
124 光緒《撫州府志》卷六十八《人物志·善士三》。

人，是年冬，復捐入義倉穀二百石。[125]

南豐的危可綱，捐谷起本族義倉，嘉慶年間曾預買谷平糶，「人多賴之」：

（南豐）危可綱，監生，年七歲孤，事孀母孝……綱懋遷稍裕，分季弟無私。捐穀起本族義倉。歲庚辰（1820）旱，預買穀平糶，人多賴之。邑侯孫旌以「義重枌榆」匾。[126]

泰和康松則是「遵母命」而捐置族義倉，這與他捐助修家乘、設立義學、修建祖祠等活動一起，都是他熱心參與宗族活動的重要組成：

（泰和）康松，字鶴友，三都碧山人，監生。少孤，事母孝。母年九十餘，松年七十，事之益謹。遵母命，捐穀三百石作族義倉，修家乘，立義學，邑令劉贈以匾。又建聚星堂，祀先人。[127]

125 同治《泰和縣志》卷一十九《人物志 · 善士》。
126 民國《南豐縣志》卷三十一《人物傳十六 · 善士》，民國十三年（1924）鉛印本。
127 同治《泰和縣志》卷一十九《人物志 · 善士》。

除了熱心公益的宗族人士捐助谷石外，設置義田也是宗族義倉的一項重要收益。如武寧縣之葛氏義田之設置，緣於葛氏七兄弟析產之際的「公存與私捐」：

（武寧）曾伯祖翼堂公裔倡立義田，堂叔厚齋殷畛以籍授仁曰：此吾兄弟七人析產所公存與私捐者，欲效范文正公之遺規，子更為我斟酌時宜，出入有制，以垂久遠，世守勿替，實有厚幸焉。仁曷敢辭。**128**

時人認為，捐置義田比起捐置穀石之法更能持久，因為「有穀而無田」容易造成「濟荒不濟貧」和「侵漁而犯忌」等情況的出現：

（武寧）今其子若孫輩又規前賢以為義田，培本根，計長久，使子孫永享其成。嗚呼，其流澤豈有艾歟？顧吾思義田之制，猶夫社倉義倉之遺意耳。而社倉、義倉立法固有難於盡善者，其積貯也，或以斂，或以糴，有穀而無田。其應給也，或取息，或取價，濟荒而不濟貧。其經理也，由官吏鄉人，而非擇一家中之老成殷實，夫是以暫難久也，散難聚也，侵漁而犯忌也。孰若義田之法良意美行之久遠，而無弊

128　（清）葛利仁：《葛翼堂義田序》，同治《武寧縣志》卷三五《藝文·序》，同治九年刻本。

哉！¹²⁹

這種由宗族組織設置的義倉，主要目的是滿足本族的賑濟活動，但當凶荒發生之時，它在能力範圍內也會接濟鄉鄰，而不僅僅將接濟範圍限於本族。如雩都縣的李九彩，其捐助的「本族義倉」，在「族鄰春夏乏食」時，也「發穀以應其乏，秋收後收本不收息」：

> （雩都）李九彩，字煥華，鄉飲大賓，貤贈奉政大夫，長樂里珠村堡人。生平持己質樸，待人慷慨，捐本族義倉，以備凶荒。修黃金石路，以便行人。凡族鄰春夏乏食者，發穀以應其乏，秋收後收本不取息。周貧恤寡，睦族和鄰，義所當為者，皆樂為之。¹³⁰

除了舉辦「族義倉」，承擔宗族賑耀職能外，宗族組織還舉辦各種「義學」事務，推動教育事業的普及。如贛南一帶，各宗族往往置有專門的「學租」，以「資送大小考試及獎賞之用」：

> （贛州）祠產中有學租一項，為科舉時代資送大小考試

---

129 （清）葛利仁：《葛翼堂義田序》，同治《武寧縣志》卷三五《藝文·序》，同治九年刻本。

130 同治《雩都縣志》卷十《人物志·義行》，同治十三年刻本。

及獎賞之用者，無族無之。獎賞有二：一為花紅，一為膳租，並行不悖。花紅以一度給付為止；膳租則終身給付，按期照人數分配。如有數人中試或入庠，則數人分收學租；若僅一人則歸一人獨收。此項財產均係獨立，不作別用，所以鼓勵學風也。科舉既廢，舊時舉貢廩附收租如故，近則學校畢業生亦多援例收租……[131]

「學租」的置辦有獎勵族人博取功名的作用，類似於獎學金。江西各地宗族對教育更深入的參與，是興辦以族人為招生對象的義學。這些義學，有時是由熱心的族人以個人身份捐助興辦的。如吉水縣的作人書院，為泥田周氏義學，由周郭氏捐建：

（吉水）作人書院，系同水鄉六十一都泥田周氏義學，節孝周郭氏承夫儒林郎夢桂遺言創建，並捐租三百七十餘石、阜市房六間，以助膏火。[132]

在萬載縣，此類義學數量甚多，如石溪書院、永常書屋，就分別由郭氏、高氏宗族之熱心分子倡建：

131　前南京國民政府司法行政部編：《民事習慣調查報告錄》第一編《民律總則習慣》第二章《江西省關於民律總則習慣之報告》第一節，贛南各縣習慣·第二，學租。

132　光緒《吉水縣志》卷二十二《學校志·書院·社倉》，光緒元年刻本。

（萬載）石溪書院，郭村鋪邑紳郭世華倡族眾建，兼置田產。

　　（萬載）永常書屋，邑北長江上，增生高搢笏、監生高廷俊等倡建，課族子弟。[133]

　　這些以個人名義倡建的宗族義學，在持續的辦學活動中，一般也能得到整個家族組織的支持，成為一項家族性的事業。如萬載縣的馬腦山房，先由張明德等十三人創辦，張氏後人又續有增拓，並增置田產作為束修之費：

　　（萬載）馬腦山房，大北門外里許，舉人張明德等十三人建，相與講學。其後輩辛芝廷等，復於後圃建堂，增設寢室，置田為奉祀束修。[134]

　　多數義學則直接以宗族組織的名義，舉宗族之力「公舉」。如吉水縣的文魁書院、文蔚書院、槐蔭書院、思祖書院等，就分別由石瀨曾氏、谷村李氏、花園王氏、南洲劉氏闔族公建：

　　（吉水）文魁書院，在六十一都，石瀨曾氏公建。[135]

133 民國《萬載縣志》卷六之二《學校·書院》。
134 民國《萬載縣志》卷六之二《學校·書院》。
135 光緒《吉水縣志》卷二十二《學校志·書院·社倉》。

（吉水）文蔚書院，在谷村西湖畔，國朝乾隆三十七年（1772），李氏公建，歲時聚子弟課文於此。**136**

（吉水）槐蔭書院，在六十二都，花園王氏公建。**137**

（吉水）思祖書院，在六十二都，南洲劉氏公建。**138**

萬載縣此類闔族公建的義塾、書屋、精舍、山房甚多：

（萬載）郭氏義塾，大南門外二百餘步，距綠陰遺址數武，郭孟牖後裔合建。堂宇軒敞，延師教族子弟，置膏火田。**139**

（萬載）仰止義塾，石板塅三官嶺錦衣坊，鮑祠眾建。有膏火田。群山交翠，諸水環流，踞一邑勝。**140**

（萬載）義井書屋，康樂坊龍祠右側，龍姓眾建。**141**

（萬載）鈐溪精舍，鈐田朱友政祠建，有膏火田。**142**

（萬載）柏蔭書屋，山田大智寺左，湖溪李姓眾建，族人肄業。**143**

---

136 光緒《吉水縣志》卷二十二《學校志‧書院‧社倉》。
137 光緒《吉水縣志》卷二十二《學校志‧書院‧社倉》。
138 光緒《吉水縣志》卷二十二《學校志‧書院‧社倉》。
139 民國《萬載縣志》卷六之二《學校‧書院》。
140 民國《萬載縣志》卷六之二《學校‧書院》。
141 民國《萬載縣志》卷六之二《學校‧書院》。
142 民國《萬載縣志》卷六之二《學校‧書院》。
143 民國《萬載縣志》卷六之二《學校‧書院》。

（萬載）觀瀾軒，邑東北，湖溪李姓合族建。[144]

（萬載）城腦山房，邑東北，羅城墈高姓合支建。[145]

（萬載）花萼齋，邑北三十里橋頭，職員胥准子孫建，教本支子弟，有膏火田。[146]

宗族義學一般由單一的宗族組織舉辦，有些地方也有由幾個宗族組織合辦義學的。如萬載縣的尚志書院，就由郭氏、辛氏、巢氏、張氏數姓合辦：

（萬載）尚志書院，烏溪門內，增生郭治清偕舉人辛廷芝、拔貢巢起侖、張焜圭等十二人建。後人撤舊重構，為堂宇二，左翼以橫屋，置祭祀膏火田。[147]

該縣樂育義塾，也一直由鮑姓、歐陽姓合辦：

（萬載）樂育義塾，潭埠鮑震岡、歐陽德安等倡建，署膏火田。道光二十八年（1848），鮑履泰、歐陽文蔚等倡九圖出貲拓修。[148]

---

144 民國《萬載縣志》卷六之二《學校‧書院》。
145 民國《萬載縣志》卷六之二《學校‧書院》。
146 民國《萬載縣志》卷六之二《學校‧書院》。
147 民國《萬載縣志》卷六之二《學校‧書院》。
148 民國《萬載縣志》卷六之二《學校‧書院》。

這些宗族義學，與宗族組織的其他事業往往存在密切聯繫。如萬載縣的蕃衍堂義學和南坡義塾，還兼行義倉、義田職能：

（萬載）蕃衍堂義學，兼義倉，邑北南田湖上土稷適中地，二都四圖張、王、劉三姓合建。

（萬載）南坡義塾，城南吼狸墈辛氏族眾買本姓屋宇基土，漸次增拓置產，兼行義田。

此外，宗族組織對地方公共工程也積極參與。例如，在奉新一帶，許多橋渡工程就由宗族舉辦，有些還直接以宗族姓氏命名。如湖尾劉姓義渡，就由劉氏持續捐助：

（奉新）湖尾劉姓義渡，在法城鄉，縣西五十里，劉姓眾建。嘉慶二十三年（1818），監生劉馨捐租十一石一斗贍渡。同治六年（1867），劉姓續捐田租一百二十九石餘斗、錢三十五千文，設立義渡。[149]

又如湖尾六姓義渡，則由熊、胡、姚、陶、王、袁六姓共同置租創辦和維修：

（奉新）又湖尾熊、胡、姚、陶、王、袁六姓義渡，康

149　同治《奉新縣志》卷五《建置二‧津梁》，同冶十年刻本。

熙六十年（1721），六姓置租二十一石五斗贍渡。乾隆十九年（1754），熊凱等呈批勒石存案。同治六年（1867），續經職監熊繼善、陶謙裕、職員姚光明、熊光仁、陶立修、監生袁昱星、熊汝南、武生袁錦生，募熊、袁、陶、姚四姓，捐租九十三石六斗、錢四十六千文，設立義渡。[150]

宗族組織對地方各項公共事務的參與，保證了基層社會處於有序的運行狀態之中。此外，宗族組織還以成文或不成文的族規等形式，對宗族內部實施嚴密的管理。例如在東鄉縣，「祖法」享有崇高的權威，即使是「無賴子弟」，也「惴惴懼為所擯」：

> （東鄉）凡冒不韙之行者，以祖法治，故謹願者恆知自愛。即子弟無賴，亦惴惴懼為所擯。此雖不行宗法，而宗法寓焉矣。[151]

對違犯族規的族人，有許多懲罰手段，其中常用的一條就是祭祖時停頒「胙餅」：

> （東鄉）正月元旦，至祠堂祀祖，鼓吹菹事。祭畢，計

---

150 同治《奉新縣志》卷五《建置二·津梁》，同治十年刻本。
151 同治《東鄉縣志》卷八《風土志》。

x

丁給餅，謂之胙餅。有犯族規者不給，故各族恆重其事。[152]

除停頒胙餅外，更嚴重的懲罰手段還包括「告於祖而逐之」，「削其譜」，民間往往因此「激而成訟者」：

> （東鄉）其法，有不便於鄉者，禁之；違者，有罰；干名犯義者，則告於族長而責之，告於祖而逐之。輕者停其胙，重者削其譜，懲戒嚴矣。然有因激而成訟者，謂罪止於身，並其嗣而削之，於律不合，今第除其名，注以不得與祭，而妻、子仍存於譜，於律何悖焉？[153]

在金溪縣，也往往交替使用「停胙」和「貼譜」等手段，以懲罰那些「干犯家法者」：

> （金溪）習慣素重宗法，各姓皆有宗祠，每於歲首發給胙餅。其有干犯家法者，輕則停胙，以示之罰；重則並將其譜名貼沒，剝奪應享之權利，名曰貼譜。此種取締未免失之過重，但習慣上實有此事也。[154]

152　同治《東鄉縣志》卷八《風土志》。
153　同治《東鄉縣志》卷八《風土志》。
154　前南京國民政府司法行政部編《民事習慣調查報告錄》第四編《親屬繼承習慣》第十章《江西省關於親屬繼承習慣之報告》第二十節，金溪縣習慣·第二，胙餅與貼譜。

萍鄉一帶，對於那些「辱身賤行者」，也以在族譜中「除其名」的方式，使之「不復齒於人數」。[155] 上高等地，則由「族長」、「斯文」等執行「族規」，約束族人，其不率教者「鳴鼓罰之」，其中亦尤以「削譜除名」、「不許入祠」為極嚴重的懲罰手段：

　　　　（上高）姓有族規，族長、斯文每朔望入祠，明約束，不率者鳴鼓罰之。甚則於冬至祭祀後，會集族眾，削譜除名，不許入祠。[156]

　　在民國初年編撰的《九江岳氏宗譜》中，保留有一份完整的《九江岳氏家規》，對族人的言動作出了嚴格的規範，體現了族規在宗族內部管理方面的嚴密程度。該《家規》共計十六款，分別是：

　　　　孝友宜敦也
　　　　名分宜正也
　　　　經書宜讀也
　　　　蒙養宜正也

155 民國《昭萍志略》卷十二《風土志・禮俗》，民國二十四年（1935）活字本。

156 同治《重修上高縣志》卷四《風俗志》，同治九年刻本。

職業宜勤也

祖墓宜護也

祭儀宜肅也

祭酒宜節也

繼嗣宜審也

老宜敬、士宜勸也

戶長宜立也

戶勞宜酬也

事後宜諒也

爭訟宜息也

國課宜早也

陰德宜積也[157]

　　這十餘款家規涉及的內容相當廣泛，涵蓋族人生活的方方面面。從這些具體的記載來看，家法族規在一定程度上，是儒家倫理價值與國家律法在基層社會的延伸。首先，族規從儒家宗法倫理出發，強調維護「孝友」價值，提倡「正名分」，該《家規》之「孝友宜敦也」一款指出：

---

[157]　《九江岳氏家規》，《九江岳氏宗譜》卷三《家規》（1920 年前後刻本），載費成康主編《中國的家法族規》，上海社會科學院出版社一九九八年版，第 368-371 頁。

人生百行，首重孝友。蓋父母乃身之根本，弟兄為身之手足。孝則根基無虧，而臟腑不損，友則手足相顧，而癱瘓無虞，然後才像個人。夫何孩提知愛，稍長知敬，及至完娶後反童稚之不若者，何也?為心有所分也。故《文公家訓》曰：「聽婦言，乖骨肉，豈是丈夫?重資財，薄父母，不成人子！」欲求無愧於王祖[158]，當先無愧於天倫。[159]

　　這實際是將儒家的孝道理論進行通俗的闡釋。又如「名分宜正也」一款：

　　曰祖曰：「父雖不肖，無敢異詞」。若伯若叔倘不才，易至凌越。行不讓先、坐不循序者，或有之；反唇掉舌、道字呼名者，豈少哉!總由父兄之教不先，故子弟之率不謹。吾祖忠孝，豈宜有此。有則先治其父兄，以及其子弟。毋長驕傲，致玷先王。[160]

　　又如「蒙養宜正也」一款，強調以「孝弟」標準與「三從四德」之理教育子弟：

---

158 王祖，指九江岳氏始祖岳飛。
159 《九江岳氏家規》，《九江岳氏宗譜》卷三《家規》（1920 年前後刻本），載費成康主編《中國的家法族規》，第 368-371 頁。
160 《九江岳氏家規》，《九江岳氏宗譜》卷三《家規》（1920 年前後刻本）。

　　長大從小，入習慣，成自然。男女一般，養各以正。父
母之教不嚴，必養成驕傲。子女之習不善，由過於矜憐。故
男則告以隅坐徐行之禮，入則孝而出則悌，敏於事而慎於
言。女則示以三從四德之端，足不使出閨門，聲不使聞戶
外。則人不獨誇吾前有好宗祖，又必羨吾後有好兒孫。[161]

　　《家規》登載於族譜之中，是作為宗族「成文法」的形式出
現的，其意義還在於維護宗法倫理和強化宗族共同體的存在。如
「繼嗣宜審也」一款，就重申了宗法繼承制度，嚴禁「外甥、妻
侄以及路遺子、隨娘兒」等「亂宗」現象的出現：

　　　兄有子，弟不孤，自近而遠，由親及疏，此不易之例
也。然亦有愛立者，而應立者亦當量給其家貲。但不得以子
並父、孫禰祖耳。他如外甥、妻侄以及路遺子、隨娘兒，概
不許亂宗。蓋吾祖精忠，流芳萬古，必前世有緣，今世無
過，方生其門，克昌其後，否則棄絕之矣，況非我族類者
乎。赫赫王靈，歷歷可鑑。[162]

　　其「祖墓宜護也」一款，則規定無論「遠宗遠祖」，抑或「叔

---

161 《九江岳氏家規》，《九江岳氏宗譜》卷三《家規》（1920 年前後刻本）。

162 《九江岳氏家規》，《九江岳氏宗譜》卷三《家規》（1920 年前後刻本）。

墳伯墳」都應盡禮修培，以期強化宗族共同體的存在：

> 遠宗遠祖，丘墓務要修培；叔墳伯墳，祭奠必須盡禮。
> 樹乃山之衣，祖藉樹為蔭，當禁其樹之砍伐，尤戒其冢之侵
> 肆。伐樹者，損一賠百。肆冢者，究處遷移。庶忠孝之家聲
> 不替，武穆之世族無慚。[163]

《家規》的規定與國家律法文化在一定程度上具有一致性。
如「國課宜早也」一款，從正面強調族人對國家負有納稅義務：

> 糧餉乃分所應輸，遲緩則官必催責。非官長之不體恤吾
> 民，是吾民之不體恤官長也。早納早完，各了各事。唯思吾
> 家忠孝，勿效近世刁頑。[164]

「爭訟宜息也」一款，則針對民間「好訟」之風，鼓吹「息
訟」文化，這與當時地方政府的聲調是一致的：

> 人有不平之氣，斯有爭訟之興。唯凡事平心，可讓者讓
> 之，不可讓者鳴公正族鄰，總無不可之事，何必逞忿告狀，

---

163 《九江岳氏家規》，《九江岳氏宗譜》卷三《家規》（1920 年前後刻
本）。
164 《九江岳氏家規》，《九江岳氏宗譜》卷三《家規》（1920 年前後刻
本）。

費錢結怨哉！顧吾家子孫，常以我祖太師隋國公和祖侵地甘削之心為心，則氣不平而自平，心不服而自服矣。[165]

在《家規》的制定和執行方面，並非所有族人都有同等程度的參與，實際上，僅有一小部分族人，即那些被稱為「老成」者、「廉明公直者」或「端方有才者」，才在宗族事務中享有話語權，《家規》的存在在很大程度上是「族權」統治的工具。如「祭儀宜肅也」一款，就指出族人在參與祭祀時的「不敬」，強調應當以「老成」為「法」：

左為昭，右為穆，宗廟之次。子孫祭祀，亦當以此為序。然昭穆固不可攙越，而拜跪尤不可懈怠。倘贊禮方完，執事者致祭，即哄然手彈膝塵，亦數不敬。法在老成，先示以奏假無言之義，庶忠臣孝子之後，免怠慢雜沓之羞。[166]

「祭酒宜節也」一款，指出族人「每以祭祀酒」導致「亂德失儀」，進而使「尊卑上下之分蕩然」，這種情況須以「老成」出面予以整頓：

165　《九江岳氏家規》，《九江岳氏宗譜》卷三《家規》（1920 年前後刻本）。

166　《九江岳氏家規》，《九江岳氏宗譜》卷三《家規》（1920 年前後刻本）。

子孫繁多，本數幸事；醉飽無德，反遺祖羞。奈人每以
祭祀酒，肆無忌憚，亂德失儀，甚至斗口打降，尊卑上下之
分蕩然矣。法在老成，預定其序數坐次，戒其因量而飲，庶
無玷於忠孝家規，不見笑於旁觀大雅。[167]

　　通過《家規》的這些規定，這批「老成」者在宗族事務中的
主導地位得到強化。在「戶長宜立也」和「戶勞宜酬也」兩款
中，進一步明確了這批「老成」者在宗族事務中的主導地位和角
色：

　　一、戶長宜立也家有千口，主事一人。倘事不歸一，則
非禮不法之徒，助惡朋奸，隨聲附和，最足壞事。唯共選一
廉明公直者立之，更擇一二端方有才者佐之。則仗義執言無
弊，忠孝門第有光。
　　一、戶勞宜酬也一姓之事甚繁，通戶之人不少，何獨彼
數人該勞唇費舌，任怨招嫌，以效用哉！雖賢肖之生，本王
祖所庇，以掌門戶，但不少酬其勞，不唯無以勵彼之賢肖，
亦無以慰王祖之精靈。[168]

167　《九江岳氏家規》，《九江岳氏宗譜》卷三《家規》（1920 年前後刻
　　　本）。
168　《九江岳氏家規》，《九江岳氏宗譜》卷三《家規》（1920 年前後刻
　　　本）。

第三節 ▶ 宗族組織與基層社會

宗族組織的普遍發展，使基層社會的發展呈現出宗族化的傾向。這對基層社會產生了兩重重要的影響：一方面，宗族組織通過大量舉辦公共事務，將基層社會的運轉處於有序之中；另一方面，由於宗族組織的過度化發展，尤其是宗族競爭的惡性滋蔓，又經常威脅到基層社會的安定秩序，在一定程度上使基層社會處於結構性的衝突之中。此外，由於宗族組織的過度發展，「亂宗」、「聯宗」等現象大量出現，這使宗族組織的發展呈現出某種「變異」特徵，形成對傳統的宗法倫理與現實的社會秩序的挑戰。

一、基層社會的宗族化

江西地靈人傑，自古以來就不乏著姓望族。清代江西人王謨在《江西考古錄》中，引用各書記載，考證江西地區早期的「豫章四姓」：

> 《南昌耆舊記》曰：胡氏、羅氏、鄧氏、熊氏，號豫章四姓。《晉書》：范寧為豫章太守，大設庠序，取四姓子弟皆充學生。《梁書》：張綰為豫章內史，在郡述《制旨》、《禮記正言議》，四姓衣冠士子聽者常數百人。則豫章四姓，其來久矣。[169]

[169] （清）王謨：《江西考古錄》卷八《故事·豫章四姓》，乾隆三十二

「豫章四姓」盡管「視吳中四姓顧、陸、朱、張，會稽四姓虞、魏、孔、謝，不逮遠矣」，但也是「奕葉衣冠，有名史冊」，中古時代所出官人甚多：

今考胡氏，自吳車騎將軍胡勃、九真都尉胡休下，有晉治書侍御史胡仲，任尚書胡少廣，宋太子左衛率胡蕃（《宋書》有傳），西陽太守胡隆世，齊郡太守胡景世（俱蕃子），素州刺史胡崇之，齊侍中胡諧之（《齊書》有傳）。

羅氏，自漢羅珠下（失其官爵），有江州別駕羅洞，丞相參軍羅宏，諮議參軍羅企生（《晉書》有傳）。

鄧氏，自漢馮翊太守鄧通下，有晉散騎常侍鄧粲，吏部尚書郎鄧混、鄧元（混子），鎮南長史鄧潛之（元子），宋光祿勳鄧胤（潛之子），鎮軍長史鄧琬（胤子，《宋書》有傳）。

熊氏，自吳尚書熊睦，大將軍熊行下，有晉散騎常侍熊遠（《晉書》有傳），鄱陽太守熊縉（遠弟），武昌太守熊鳴鵠（縉子），相府參軍熊甫，會稽太守熊默。[170]

這些世家大族往往控制著數量龐大的部曲，一旦有事，甚至有「舉義者」。王謨考證的三國時代鄱陽一帶的「宗部」，實為

世家大族控制部曲之明證：

> 虞溥《江表傳》曰：鄱陽民帥別立宗部。按《魏志·孫資傳》，吳人彭綺舉義江南，議者以為因此伐之必有所克。帝問資，資曰：鄱陽宗人前後數有舉義者，眾弱謀淺，旋輒垂散。《吳志·周魴傳》：魴為鄱陽太守，被命密求山中舊族名帥為北敵所聞知者，令譎挑魏大司馬揚州牧曹休所謂宗人名帥即宗部名帥也。豫章、海昏亦然。《江表傳》：海昏上繚壁有五六千家，相聚結作宗伍，惟輸租布於郡，發召一人，遂不可得。又云：豫章太守華歆就海昏上繚，使諸宗帥共出三萬斛米，以與劉勳。《後漢書》亦云：江南宗賊強盛。蓋當時風氣大抵如此，又非獨鄱陽、海昏也。[171]

　　唐以後，隨著士族政治的沒落，尤其是宋以來宗法倫理「庶民化」的發展，宗族組織開始以新的形式得到蓬勃發展。明清以來，聚族而居成為基層社會的重要景觀。例如在上高縣，「人多聚族而居，葬亦多依祖墓，上下左右排比，若鱗次然」[172]。

　　與此同時，宗族組織與基層社會之間呈現相互重合的特點。如弋陽縣，舊分八鄉，轄下各村莊幾乎都是宗族聚居地；各村莊或為單姓村，或為雙姓村，官方為便於管理，習慣上將代表宗族

171　（清）王謨：《江西考古錄》卷十《雜志·宗部》。
172　同治《重修上高縣志》卷四《風俗志》。

組織的姓氏與村莊名結合起來，以給各村莊命名。如弋陽縣「外東鄉」的各村莊，官方通常關注有哪些宗族居住在其中，官方往往以「地名＋姓氏」的方式命名相應的村莊，如「白家塘饒村」、「朱家坑朱姓」等：

（弋陽）舊以附縣治者為外東鄉，統都七。上一都距城五里。出東門外為東岳殿；又數里，螃蟹灣，下碗溪橋，為往府城大路，周、陳二姓居焉。過小河，則有洋里朱、港口王、石上李等姓，連珠雜姓、朱家山詹姓，屬二都界；轉過小港，為碗溪劉，登元王，長頭源朱、沈各姓，而灣里方姓、朱家坑朱姓等村，近上四都界，周圍約二十里。下一都距城十里，為毛源吳、案山頭謝、桃源山李，及劉、姚、胡、葉四姓，連二都界，周圍十數里。二都之距城近者，為白家塘饒村，過此為余村、胡村、許村，小港背太平橋毛村，艾家、湖洋店毗連十一都，界掃帚山王村、埠湖墩陳村、高塘周村，則近大河矣。過河為金家渡潭石黃村、林村、顏村，與下一都界連余家源席村、祝村，路家莊小阪謝姓、石塘毛村、橋頭謝姓、粟塘源張傅洪三姓，與上四都為界，周圍約三十里。上四都阪上楊宅蔡姓、瑜源張姓、蜜田陳姓、古塘吳姓及熊、牛二姓，距城皆二十里許，上碗港朱姓至城較近，長石嶺黃宅、陳家灣李姓、塘坪源楊姓，至城皆三十里，而李、楊二村則界連興安十一都，距城二十餘里，有西潼童姓、源塘童姓、上阪張姓、下阪張姓、錢倉顧姓，楊、周、胡、陸、汪、李六姓，均與雙港為近。十三都

距城三十里許，為窯上趙姓，左饒姓，右李、徐二姓，過小河半里許，為湖田艾姓，左吳姓，右方村、周村，又名坑口詹姓與祝家洋汪姓，祝、王二姓均界連鉛邑，蓬底汪姓一名牌樓底，在黃沙港上街，左源頭，右繡球山，均屬汪姓，明禮部尚書汪文莊之故里，建有「父子五登科」坊表。長湖徐、陳、詹、馬四姓共村，長湖奚姓，左郭姓，右程、許、吳三姓，近鉛邑界，張、鮑、朱三姓，及灘頭埠汪姓、繩廠童姓，近黃沙港下街。（黃沙港坐大河邊，上通河鎮，下通弋、貴，左有小河，通湖坊陳坊水道）二十三都湯、周、童、鄧四姓，離城或五六里，或七八里，石人嶺周姓、熊姓，至城十餘里，黃、徐、孔、馬四姓，至城約二十里，枸家源王姓、關山謝姓、丁姓，均與鉛邑交界。[173]

基層社會宗族化的影響相當深遠，它使宗族組織在某種程度上成為基層社會的代名詞，宗族組織的一舉一動可能都關乎社區關係的走向。宗族組織承擔了大量的基層社會的公共事務，使基層社會處於有序運轉的狀態；但宗族組織的過度發展，又往往使宗族競爭惡性滋蔓，甚至成為地方動亂的根源之一。

二、宗族組織與基層公共事務

宗族組織不僅在宗族內部承擔諸如賑濟、義塾、義渡等公共

---

173 同治《弋陽縣志》卷首《圖說》，同治十年刻本。

事務，它也是整個社區範圍內公共事務的主要參與者，其涉及的公共事務從公共工程、地方文教，到災荒賑濟、地方防衛，範圍極廣，這在很大程度上解決了官府行政能力不足的問題。例如，宋代貴溪縣試圖修建大型的浮橋渡，因「役大費廣」而「無敢為倡者」，後來此事經「邑之大姓」之大力捐助材料和經費而得以「不日告成」。據朱熹記載：

> （貴溪）之水，其源東出鉛山，北出玉山，合流為大溪……故二渡之舟，歲率再覆，邑人病之。欲為浮梁濟人，而役大費廣，無敢為倡者。今縣大夫建安李君正通陰計而默圖之，久之，乃得縣之餘材八十萬，將以屬工。邑之大姓聞之，有以鐵為連環千五百丈以獻者，有稱其林竹十餘里以獻者，州家又以米百斛佑之。於是李君乃相大溪二渡之間，水平不湍之處，以為浮橋其可以致久遠矣。以紹興三年（1133）六月始事，民爭趨之，不日告成。[174]

又如廣昌縣學之明倫堂，原為明初所建，由於「規制卑隘，過者陋之」，成化年間，教諭宋暄「力圖改作」，他曾求助於「邑之大姓」，但「未有應者」，事情差點沒辦成。後經「義民」饒秉元三代人的陸續捐助，終於將明倫堂成功翻新：

---

174 嘉靖《廣信府志》卷三《地輿志・津梁・浮橋渡》，《天一閣藏明代方志選刊》本。

（廣昌）縣學之明倫堂，洪武九年（1376）知縣張琥所建。時兵亂甫夷，民貧財匱，規制卑隘，過者陋之。迄今百年餘，雖屢建修葺，僅抑其腐折，飾以黝堊而已。成化乙巳（1485），四明宋君暄典教於茲，力圖改作，間語邑之大姓，未有應者。義民饒秉元，富而尚義，請獨任其役，乃捐白金四百兩，市美材、陶堅甓、募良匠，作堂三間，翼以夾室，堂之崇二十尺，其廣三十有五尺，其深視廣而殺其一焉。工未就緒，而秉元卒，其子卓環暨其孫裕禎相語曰：祖考之志，不可不成也。又出白金百兩，益市材瓦，務底於成。[175]

宗族組織對振興地方文教事業，往往也能積極參與。例如武寧縣清後期設置的賓興機構「夢花文會」，就是由該縣大姓合為二十七股舉辦，以獎勵科舉功名的上進者。據武寧訓導萬恩輔的記載：

（武寧）山川秀逸，毓靈孕質，文人迭興，乾嘉時如盛、張、余、盧諸先輩，源流道德，相與上下，其議論參究典章，稽合同異，吁，何其盛歟！繼起者思以接其流風，永其墜緒，不敢謂前賢畏後生，然亦未能愛古人而薄今人也。

---

[175]　（明）何喬遠：《重建明倫堂記》，同治《廣昌縣志》卷八《藝文志‧記》。

予忝訓導之職，七年於茲，鄉先生接見之餘，與諸生考其學修，欣悉其分設鄉學、文社，各立課程文，故成法可觀。邇年延予於正誼書院主講，其能文之士麟麟彬彬，洵足拔幟文壇，縱橫馳驟，莫能窺其後日之所至。如黃生鐘淑、鄧生衍熹、劉生鳳、張生冠南、盛生斯道，固皆為世家子，亦半為及門士也。復能出為首董，於城內置立文會，合大姓為廿七股，勸貲而經紀之。冬季有課文，優有獎；采泮芹，食廩餼，並捷鄉闈、雋南宮者，亦獎給有差。章程靡不盡善。**176**

基層社會的災荒賑濟活動，往往也離不開宗族組織的參與，尤其是地方大族的鼎力勸助。地方官深諳此道，災荒發生時，往往向大族求助。如景泰六年（1455）貴溪發生旱荒時，廣信知府姚堂就親自駐鎮貴溪，「董勸大姓出粟賑濟」**177**。姚知府的親自勸率活動取得了效果，有人響應輸穀四百石以助賑：

> （廣信）歲乙亥（1455），荒歉薦臻，郡守公躬涖貴溪，勸率大姓出所積，以助賑濟民。有吳良輔者，願輸穀四百石於公，嘉其尚義，盡散其谷於民。逮秋，民皆樂償，願供息一分，儲於官。公遂以所儲購常稔之田若干畝，以供象山歲

---

176 （清）萬恩輔：《城市夢花文會序》，同治《武寧縣志》卷三十五《藝文·序》。

177 同治《廣信府志》卷一之一《地理·沿革》，同治十二年刻本。

祀。**178**

又如吉水縣在宣德年間因「歲不登」而致「四方之民多缺食」，但「官無儲積」，無法提供官方的救濟服務，地方官只好向「殷富」求助之。在胡有初帶頭捐助的示範下，「五鄉右家」「莫不興起」，荒情得以緩解：

> 余來吉水之四年，宣德癸丑（1433）歲不登，四方之民多缺食。奉敕撫江右侍郎趙公憂形於色，下令郡縣為備。餘以官無儲積，乃禮羅殷富而告貸，至者莫不有難色，獨有初欣然助千石。於是五鄉右家聞知，莫不興起。**179**

此外，宗族組織在特殊的時期能適應形勢變化的需要，往往組織地方武裝，強化地方防衛力量。例如，在泰和有一處稱為「古城」的古跡，其叫法源於「世傳宋季兵亂，里大姓曾氏築土為壘，保障其鄉，後人遂名其處曰古城市」。**180**在永新一帶，「邑大姓」曾在宋末響應民族英雄文天祥的號召，「起兵舉義」，試見文天祥妹夫彭震龍的傳記：

178　嘉靖《廣信府志》卷一二《學校志・書院》。

179　（明）柯暹燕：《燕岡義倉記》，光緒《吉水縣志》卷十七《食貨志・倉儲・社倉》。

180　同治《泰和縣志》卷二《輿地考・古跡》。

（永新）彭震龍，字雷可，文信國次妹婿也。淳祐壬子
（1252），鄉舉。性跌宕，喜功名。信國起兵，補宣教郎，
帶行大社令知永新縣事。會信國出使被執，震龍遁歸，吉州
已失，乃結湖南峒獠豪傑，及邑大姓起兵舉義。信國兵出
嶺，震龍接應，復永新行省。命劉盤引元兵攻之，其親黨為
內應，城陷被執，不屈遇害，從祀忠節祠。[181]

這些舉義起兵的「邑大姓」，後來在「元兵壓境」時，全部
犧牲：

（永新）咸淳十年（1274）甲戌正月己卯朔，永新有氣
如虹，起城東江水中，橫貫一邑，須臾作錦紋五色狀，覆蓋
郭四門。亡何，元兵壓境，陷城，諸勤王大姓悉屠滅。[182]

元代明初，天下大亂，江西各地「大族」又積極籌防，以保
障鄉裡為己任。如弋陽縣的「大姓」倪氏，在「元季兵革」之
際，曾舉兵「以寧鄉里」，「眾戴其安」：

（弋陽）吾里倪氏始唐，為鄉之大姓，凡鄰境邑代推其
盛，子孫皆簪纓相續，非他宗所及也。先輩倪君晉明甫博學

181 同治《永新縣志》卷十八《人物志·忠節》。
182 同治《永新縣志》卷二十六《雜類志·祥異》。

有智略，少從鴻生碩士游，元季兵革，嘗謀以寧鄉裡，眾戴其安。[183]

地方大族結兵參戰，甚至對整個戰局的發展有直接影響。如元明之際「江西諸郡皆陷，焚掠殆盡」，唯撫州「全城之內得免其難」，就歸功於東鄉縣「各鄉大姓團結防禦」：

> （東鄉）元至正壬辰（1352）之亂，完者帖木兒、章益議等守撫州，兵疲援絕。各鄉大姓團結防御，東鄉則有陳德輝（塘坪人）、死節趙伯明（朱藍人）、高原達（洙塘人）、何子英、何均用（橫路人）、李壽卿（白玕人）、俞楚良（橫山人）、李太虛（西坪人）、宗元傑、艾以中等，相率舉義，保障郡城。時江西諸郡皆陷，焚掠殆盡，唯撫州全城之內得免其難，諸義之功也。陳德輝與俞致明率強壯，越賊巢，入弋陽，迎懿憐真班丞相進駐安仁，進攻進賢賊，撫洪聲援復通，行省以便宜授德輝本路推官，洪武初，征為長興知州，餘俱授官有差。[184]

明正德五年（1510），「姚源盜犯弋陽」，弋陽形勢吃緊。在調入「狼兵」鎮壓仍不能奏效的情況下，鉛山人費宏致書江西巡

183　同治《廣信府志》卷二之三《建置·古跡·倪氏東園》。

184　嘉靖《東鄉縣志》卷下《人物第二三·勇毅》，嘉靖三年刻本。

撫任宗海，建議以「大家」、「大姓」任守衛之責：

> （廣信）然賊未盡除，兵不能罷，而本地守御之兵及僉
> 充機快，皆不足恃。故論者欲所在大家團結丁壯，以一二大
> 姓當賊要沖，能合力遏之，而使之不敢遠出，此鄉兵可用之
> 明驗也。[185]

正德年間安義設縣，其設縣之緣起，是奉新、靖安一帶「賊
勢猖獗」之際，安義「五鄉醴源等處，亦各有賊應之，遠邇騷
然」。在鎮壓這些動亂的過程中，「五鄉大姓」「各懷桑梓之憂」，
組織宗族武裝，「輔翼官兵」，得「擒賊首」：

> （安義）縣境，舊隸建昌，總十六鄉。其去縣治最遠
> 者，曰安義、南昌、卜鄰、控鶴、依仁。邑有不逞者，率以
> 其地便於隱匿，而五鄉無賴，或從而黨之，此盜之所以眾
> 也。弘治年間，首賊徐九齡徒從既眾，拒敵官兵。正德戊辰
> （1508），逆瑾擅威，毒痛元元，於是奉新、靖安賊勢猖
> 獗，五鄉醴源等處，亦各有賊應之，遠邇騷然。時則監察副
> 使宗君璽督兵剿伐，五鄉大姓若楊振、黃元受、彭尚文等
> 家，各懷桑梓之憂，共率子弟族屬佃從，輔翼官兵，一乃
> 心，齊乃力，遂擒賊首。而其黨未盡平，眾欲乘勝屠之，宗

君執不可，曰：嗜殺人者，必干和氣，恐致他變，孰與分縣治，安輯反側，俾自新乎？於是五鄉之地，就其所謂大唐者設縣治，以為民極。藩、臬諸君僉謀既定，疏奏報可。[186]

三、宗族間的惡性競爭

宗族組織承擔了大量的公共事務，幫助官府實現了部分地方行政職能，但宗族組織的過度化發展也帶來一系列的社會問題，尤其是宗族間競爭的惡性發展，使基層社會處於結構性的動蕩之中。清雍正年間江西按察使凌燽就注意到，江西一帶「群居族處，各為黨比」，每以「小忿」而互相械鬥，甚至釀成命案：

> （江西）民俗蠻野，徇小利而昧大義，雖至親密戚，錙銖必較，睚眥必復。又多群居族處，各為黨比，每以小忿輒糾多人，執持凶械，居然對壘，至殺傷，雖互戕多命，亦恬不為怪。推究其原，曾無深仇積怨，大抵地基墳界，偶有未清，水道蔭塘，偶有未溥，其值最微，其事甚小，而悍焉不顧，忘身鬥狠。[187]

186　（明）余祐：《安義縣志記》，同治《安義縣志》卷十三《藝文志·記》，同治十年刻本。

187　（清）凌燽：《請開鼓鑄勤稽緝並鄰邑協緝族保約束條詳》，（清）凌燽：《西江視臬紀事》卷二，顧廷龍主編《續修四庫全書》第八八二冊，上海古籍出版社二〇〇二年版。

宗族間的惡性競爭主要可以分為兩種，一種是大姓與小姓、雜姓的矛盾，一種是大姓與大姓間的矛盾。

　　大姓與小姓、雜姓的矛盾，主要表現為大姓欺凌小姓，小姓伺機反抗，由於雙方在人口與資源方面勢力不成正比，大小姓之爭通常都以大姓取得勝利。大姓欺凌小姓的事例甚多，如南宋紹興年間，陳特立任宜春知縣，就發現當地「有大姓以偽券占民田」的事情，陳知縣「訊得之，論如法，豪民斂跡」。[188]明崇禎年間廣昌縣令王璽，也發現當地存在「大姓凌虐鄉里」的情況：

　　　　（廣昌）王璽，字璽玉，荊門舉人。崇禎五年（1632）
　　　　令廣昌，下車輒訪賢士，親造其廬，問民間利弊。為政務舉
　　　　大綱，大姓陵虐鄉里，懲其尤者，餘皆畏服。[189]

　　大姓還常常倚仗自身的優勢地位，壟斷地方上的各種資源，危害地方民眾的利益。如鉛山河口鎮八大姓「向稱強悍」，以「奸民」結黨壟斷碼頭起駁業務，深為商民所痛恨：

　　　　（鉛山）河口北鄉八大姓向稱強悍，有奸民假駕小剝
　　　　船，結黨龍斷各碼頭，兜攬剝貨，起埠貨多疏失。客畏其

188　同治《奉新縣志》卷八《人物志一‧進士》，同治十年刊本。
189　同治《廣昌縣志》卷四《秩官志‧宦績》。

眾，且強置不敢問，商民苦之。[190]

時任河口同知的顧麟趾，「得其實，密獲為首者數人，笞責重治之，餘皆令改業」。[191]

大姓還力圖通過各種方式，將其在地方上的優勢地位長期固定下來。如婺源一帶，世家大族除了在地方上占據優勢地位外，還對世僕群體實施嚴格的管控，即使世僕「家殷厚有貲」，也不得「列於大姓」，尤其強調世家大族在科舉考試中的獨占地位，嚴禁出現世僕「冒與試」的情況：

> （婺源）鄉落皆聚族而居，多世族，世系數十代，尊卑長幼，猶秩秩然，罔敢僭忒。尤重先塋，自唐宋以來，邱墓松楸，世守勿懈。蓋自新安而外，所未有也。主僕之分甚嚴，役以世，即其家殷厚有貲，終不得列於大姓，或有冒與試者，攻之務去。[192]

在通常情況下，由於大姓在人口和資源上占據絕對優勢，小姓很難有效反抗大姓的欺凌與壓制。但在矛盾激化的時候，小姓也會以各種方式對大姓表達不滿，有時甚至不惜以激烈的暴力手

---

190 同治《鉛山縣志》卷十一《職官·名宦》，同治十二年刻本。
191 同治《鉛山縣志》卷十一《職官·名宦》，同治十二年刻本。
192 民國《重修婺源縣志》卷四《疆域七·風俗》，民國十四年（1925）刻本。

段作為反抗的方式。例如，余干縣當地有靈順祠，其神在明代，曾幫助審清一起「婢父兄」誣陷「大姓」的逃婢案：

> （餘干）靈順祠，在大慈南鄉古埠市，祀宋周雄，字仲偉，杭之新城人，歿於衢，屢著靈異，遠近祀之。明胡儼記曰……又有大姓婢為外誘逃諸閩，婢父兄指為捶斃棄水中，誣服獄，具叩之，神不逾日挾婢自閩歸，大姓由是獲免，捐其居為今祠。[193]

明洪武初，樂平縣曾發生一起赴闕誣告「大姓五十餘家謀逆」之案，誣告者是平素向大姓「假貸不得」的「無賴」子，因「怨諸大姓，故重誣之」：

> （樂平）洪武九年（1376），樂平縣民有詣闕訴大姓五十餘家謀逆者，詔指揮潘某率兵往捕之。兵至饒州，知府殷敏驚曰：樂平民素純樸，未必有此。吾為郡守，不可使民死無辜，請先往察之。至樂平，皆耕牧如常。時敏得告者乃無賴，平素以假貸不得，怨諸大姓，故重誣之，冀獲賞耳。還白。潘初不之信，自往察視，果如敏言。於是各以其家至京辨其誣，遂詔釋之，而誅妄告者。[194]

193 同治《餘干縣志》卷四《建置志二・壇廟》，同治十一年刻本。
194 同治《樂平縣志》卷十《雜類志・軼事》，同治九年刻本。

「無賴」誣告「大姓」的行徑，從側面反映了小姓、雜姓對大姓掌握地方社會的現實的反抗。當大姓對小姓、雜姓的欺凌與壓制達到無法忍受的程度時，反抗甚至是武裝暴動的出現就是必然的了。如南豐縣在宋代寶祐年間曾發生攀龍者、張半天、何白眉等領導的武裝暴動，暴動隊伍曾攻破南城縣城，「肆諸司」，並「焚田主廬」，後來在朝廷「調撫贛旗馬軍合寨尉卒」的力攻之下，方才擒其「渠魁」。在檢討暴動起因時，當局不得不承認，一是「署邑催征束濕」，二是「大姓苛虐諸佃故也」：

> （南豐）寶祐六年（1258）戊午，南豐攀龍者、張半天、何白眉嘯聚木瓜山石牛洞，五月二十日晡時，率百眾寇邑者。首吏余璋急斷浮橋，官民賴此得逃。逮昏，賊始渡。留一夕，焚田主廬，延燎城隍廟及民居，肆諸司。調撫贛旗馬軍合寨尉卒進討擒其渠魁，赴建昌凌遲梟令，繼治激變罪，以署邑催征束濕，而大姓苛虐諸佃故也。[195]

鉛山大族費氏，在明正德年間「與邑奸人李鎮等訟」，李鎮在朱宸濠支持下攻擊名臣費宏。之後又「據險作亂」，以費氏家族為攻擊對象，毀費氏先人冢，劫掠遠近「眾至三千人」，這是小姓挑戰大姓在地方的主導地位的極端例子：

195　同治《南城縣志》卷五之五《武備志·武事》，同治十二年刻本。

（鉛山）（正德）十二年（1517）丁丑，鉛山費宏族人
與邑奸人李鎮等訟。宸濠陰令鎮賊宏，鎮等遂據險作亂。率
眾攻費氏，索宏不得，執所與訟者支解之，發宏先人冢，毀
其家，劫掠遠近眾至三千人。宏馳使愬於朝下，巡撫孫燧按
狀，始遣兵剿滅。**196**

　　正德四年（1509），南贛「流賊」進入吉水，當地發生了「大
姓諸佃」「乘勢為盜」的事件，他們不僅「弒主作亂」，甚且「白
晝坐裡門，恣意屠磔」。次年，鄉紳曾昂設計畫策，將「大姓諸
佃」之亂次第鎮壓下去：

　　　　（吉水）正德四年（1509）七月，南贛流賊將入境，吉
　　水故無城壁，市井竄潰。知縣周廣沿門拜留，民皆感戀來
　　歸。同水有大姓諸佃，乘勢為盜。其首兄弟數人，瘠力凶
　　悍，既為主人所覺，乃弒主作亂，白晝坐里門，恣意屠磔。
　　副使曾昂方家居，去盜甚邇，設計說之，里中得無恙。明
　　年，勢稍緩，潛入縣，為周令畫策，以次翦其黨羽。盜勢
　　孤，諸士大夫乃敢出入。久之，盜各散死，邑始安。**197**

　　據吉水著名學者羅洪先的記載，「大姓諸佃」、「乘勢為盜」

196 同治《廣信府志》卷五《武備‧兵事》。
197 光緒《吉水縣志》卷二十四《武備志‧武事》。

之時，情況十分危急，「郡中自救不暇，無力他及，遠近搖煽，賊勢益張」。次年，鄉紳曾昂在秘密會見知縣周廣時指出，此次動亂之骨干「賊無多」，參與動亂的大多數都是受挾持的「大家諸佃」。曾昂希望通過官府授權，成立鄉約團練，作為應對的手段：

> （吉水）（曾昂）乃出袖中小票數十，則已區分九團名數，與某家某人堪為某團約長，及委任、點集、防禦諸法。且曰：「不如此，賊黨不散。不賴明府力主於上，少假之權，則約長畏禍，孰敢出應？即應命，勢亦不行。」周瞿然曰：「是何言？公以身家代吾憂，敢不盡力？」為手印判各票。**198**

曾昂隨後即秘密召集「各大姓」成立「九團」，「各集諸佃自治」，那些「嘗黨賊者」多被處死。通過這種官府授權的方式成立的宗族武裝，最終將此次暴動鎮壓了下去：

> （吉水）（曾昂）四遣人密召各大姓山中，人授一票，語之計。即日九團各集諸佃自治，嘗黨賊者多致死。賊勢遂

198　（明）羅洪先：《副使曾公弭盜紀事》，光緒《吉水縣志》卷五十四《藝文志・文匯・紀事》。

孤，稍徙下區五里外。於是諸士夫始出就議，賊亦漸除。[199]

吉水縣此次「大姓諸佃」之亂最終得以平息，有賴於在官方授權下「各大姓」組織起「九團」武裝的崛起。若論糾此次動亂的根源，則「各大姓」實難脫干係，因為參與此次動亂的主要參加者是「大姓諸佃」，他們在動亂之初就有「弒主」的激烈行為，這實際反映了大姓與小姓、雜姓之間的結構性矛盾之激烈程度。

宗族組織之間的惡性競爭，除了表現為大姓欺凌壓制小姓與小姓奮起反抗外，還表現為大姓與大姓之間就各種資源展開的無情爭奪，有時甚至發生殘酷的宗族械鬥。清代婺源人潘肇勳在浮梁東鄉開設藥肆時，曾見該縣「程、吳二大姓，為爭樵采仇殺」，潘肇勳「力為排解，俱悅服」。[200]

如果說大姓與小姓之間，由於實力對比相差懸殊，其矛盾發展一般都以大姓取勝告終的話，那麼，大姓之間由於勢均力敵的緣故，其競爭結果則充滿了不確定性。如萍鄉一帶也有「禮屈於人者」，須以「燃爆竹謝之」的慣例，但萍鄉一帶若發生「巨族相爭」，往往「甘認酒食之罰」，而視「鳴爆竹為大辱」：

（萍鄉）凡禮屈於人者，燃爆竹謝之。若兩巨族相爭，

---

199 （明）羅洪先：《副使曾公弭盜紀事》。
200 民國《重修婺源縣志》卷三十六《人物九》。

以鳴爆竹為大辱，往往執不肯，甘認酒食之罰。蓋聲其罪以告於眾之意也。[201]

「巨族」間「甘認酒食之罰」，而視「鳴爆竹為大辱」的做法，表明大族之間的矛盾盡管通過裁判和調解暫時有了結果，但卻無法避免此類衝突與矛盾日後的重複出現。

大族間衝突之最激烈者，當是宗族械鬥的出現，這種場合往往出現士紳的身影。如金溪縣清中葉在謝、劉「兩大姓」之間曾發生爭地衝突，兩姓「各聚數百人將尋械鬥」，其中多有「黌宮子弟」：

> （金溪）詹佩，字載唐，金溪人，龍光子。舉乾隆五十四年（1789）鄉試，授永寧縣教諭，課士嚴而有法……有謝、劉兩大姓爭地，各聚數百人將尋械鬥，中多黌宮子弟。佩召至前，責以大義，諭以禍福，立時解散。[202]

宗族間的衝突與矛盾引發社會動蕩，已經讓官府極為頭疼。而這些本應承擔起「四民之望」的責任的讀書人，反而積極參與械鬥，加劇社會的動蕩，這更加劇了官府對宗族組織的擔憂。

---

201 民國《昭萍志略》卷十二《風土志・禮俗》。
202 光緒《撫州府志》卷五十五《人物志・宦業七》。

四、「亂宗」與「聯宗」

　　宗族首先是以血緣共同體的面目存在的，大多反對「亂宗」現象，以維繫宗族共同體在血緣上的純潔性。但在江西各地，「同姓亂宗」、「異姓亂宗」的情況卻大量存在，這與傳統的宗法倫理形成了直接的矛盾，反映了宗族組織在過度化發展中呈現出某些「變異」特點。

　　清代瑞昌縣教諭湯有年曾以當地有「多撫異姓子亂宗祧」之俗，而發布榜禁，勸諭城鄉，「示以禮，動以天良」，最終使「子異姓之風亦漸息」。[203]在興國一帶，無子之家「潛養異姓之子，撫如親生，立繼承祧」的情況也相當普遍，但在養父母死後，「應繼子」出面力爭，同族之人又「覬覦」，「破散家貲」的情況往往發生：

　　　　（興國）積習相沿，多以伯道無兒為諱，潛養異姓之
　　　　子，撫如親生，立繼承祧，反置同懷子侄於不問，是與覆宗
　　　　絕祀者何異？迨至身後，或應繼之子出爭，或同族之人覬
　　　　覦，紛紛訐訟，破散家貲，其禍甚烈。[204]

　　興國知縣黃惟桂認為，這種「義子亂宗」的現象既不合禮之

---

203 同治《建昌府志》卷八《人物志・宦業下》，同治十一年刻本。
204 （清）黃惟桂：《請禁時弊詳文》，同治《興國縣志》卷三七《藝文三・國朝申文》。

規定，又與律文不符，請求嚴行禁止之：

> （興國）其所被撫者，踞家貲，襲宗祀，他人骨肉，恣意間離，本生父母，反同陌路，《春秋》所謂「莒人滅鄫」，《禮經》所謂「與為人後」，此二弊兼有之矣。相應詳請憲台，嚴行飭禁，如有犯者，按律治罪，勒令歸宗，其有願為異姓後，而不顧本生父母者，即治以不孝之罪，庶天性明，而人倫肅矣。[205]

主持族譜修撰活動士紳，也對「亂宗」現象提出嚴厲批判，並以族譜作為「收本支，別非種」的重要手段。例如南豐縣一帶在修譜活動中，就強調「族姓最重，非種宜鋤」的編撰原則。[206]新城（今黎川）等地的士紳，也以修譜活動來「收本支，別非種」：

> （新城）近各族尤重譜牒，凡有宗祠者，無不修宗譜以收本支，別非種。[207]

贛南一帶，民間將「乞養子」、「私生子」視為游離於宗族

205　（清）黃惟桂：《請禁時弊詳文》，同治《興國縣志》卷三七《藝文三‧國朝申文》。

206　民國《南豐縣志》卷一《疆域志上‧風俗》。

207　乾隆《新城縣志》卷七《風俗志‧崇尚》。

之外的人群，此等人群不准「入祠登譜」。[208]

　　盡管對「異姓亂宗」的現象防之甚嚴，但江西民間收養異姓為子者仍然普遍存在，其風不因「異姓不得上譜」的規定而稍有衰減。如贛南各縣：

　　　　（贛南）各縣抱養子女之風甚盛，自己未曾生育者抱養他人之子，固毫不足怪，即自己生有子女者抱養他人之子，亦所在多有。唯各姓族譜中恆有異姓不得上譜之規定，然此風不因之衰減也。[209]

　　除了「異姓亂宗」的現象大量存在外，「同姓亂宗」的情況時常發生，尤其是在修譜時，援引名人入譜以提高宗族聲望是慣常的手法。由於這一情況極為普遍以致泛濫，有些有責任感的士大夫便強調修譜時不得以「同姓異宗」者入譜，尤其不得「妄援名人」：

　　　　（萍鄉）士大夫重譜系，無數十年不修者。同姓異宗必

208　前南京國民政府司法行政部編：《民事習慣調查報告錄》第四編《親屬繼承習慣》第十章《江西省關於親屬繼承習慣之報告》第二節，贛南各縣習慣‧第二，乞養子。

209　前南京國民政府司法行政部編：《民事習慣調查報告錄》第四編《親屬繼承習慣》第十章《江西省關於親屬繼承習慣之報告》第二節，贛南各縣習慣‧第九，養子。

嚴辨之，不妄援名人，不輕錄養子。[210]

與「同姓亂宗」之風的大肆發展相關的，是「聯宗通譜」現象的大肆出現。參與「聯宗通譜」的宗族之間，可能僅是「同姓」，而並非「同宗」關係。同治《東鄉縣志》的編撰者曾一針見血地指出，「近創有聯宗通譜之說，並非支屬，乃衣冠拜謁其祠，僨矣」。[211]

「聯宗通譜」動因，一般是某些特定目的，其規模往往很大，一般都是以縣、府為單位的，有時甚至是全省規模的。如南昌居鄉人士就常在省城建立「省祠堂」，但其目的卻常是為「訟者」提供方便：

　　（南昌）人在鄉者，多建宗祠於省，藉作舍館，訟者居之。自此故家廢宅，出售幾盡，而遠客稅駕之地稀矣。亦一敝習也。[212]

清人商盤在《江右紀風·省祠堂》中，對南昌人建立省祠堂，以「俎豆之地」，「翻作軍旅之場」的現實進行了諷刺：

210　同治《萍鄉縣志》卷一《地理志·風俗》。
211　同治《東鄉縣志》卷八《風土志》。
212　（清）商盤《江右紀風·省祠堂》，（清）張應昌輯《詩鐸》卷二三《風俗》，中華書局一九六〇年版。

南昌十萬戶，聚族處四鄉。

如何省會區，建此昭穆堂？

豈盡霜露感，徒滋雀鼠藏。

訟凶古有訓，俯張難具詳。

遂令俎豆地，翻作軍旅場。

故居神所依，妥靈安可忘？[213]

　　乾隆年間江西巡撫輔德就注意到，江西民人「但系同府同省
之同姓」，往往有「合族建祠之習」：

　　（江西）民人有合族建祠之習。本籍城鄉，暨其郡郭並
省會地方，但系同府同省之同姓，即糾斂金錢，修建祠堂，
率皆棟宇輝煌，規模宏敞。其用餘銀兩，置產收租。[214]

　　此類府省祠堂，所祀之祖，往往「推原遠年君王將相一人，
共為始祖」，所纂輯的宗譜也是「荒唐悖謬」：

　　（江西）查所建府省祠堂，大率皆推原遠年君王將相一
人，共為始祖。如周姓則祖后稷，吳姓則祖泰伯，姜姓則祖

213　（清）商盤《江右紀風・省祠堂》，（清）張應昌輯《詩鐸》卷二三
　　《風俗》，中華書局一九六〇年版。
214　（清）輔德：《請禁祠宇流弊疏》（乾隆二十九年），（清）賀長齡輯：
　　《皇朝經世文編》卷五十八《禮政五・宗法上》，光緒十七年刻本。

太公望，袁姓則祖袁紹。有祠必有譜，其纂輯宗譜，荒唐悖謬，亦復如之。[215]

府省祠堂除以「遠年君王將相」為「始祖」外，還有本地各支的「支祖」牌位，但本地各支之「支祖」能否附入總龕，並列名於宗譜之冊，取決於是否「出費與祠」：

（江西）凡屬同府同姓者，皆得出費與祠，送其支祖牌位於總龕之內，列名於宗譜之冊。每祠牌位，動以千百計。源流支派無所擇，出錢者聯秦越為一家，不出錢者置親支於局外。[216]

由此可見，這種府省祠堂並不重視血緣關係，而是通過臆造共同始祖，將各交費宗族聯繫在一起，構建了一個虛擬的宗族組織。巡撫輔德也注意到，這種「遠於府省地方」設置的祠堂，與「建於本鄉」的祠堂有著重要的區別：前者「祭饗無聞，族誼不浹」，後者則「時祭饗而聯絡族誼」；前者之屋宇公財常被用於「逞訟」，後者之公費則用於「教養子弟」：

215　（清）輔德：《請禁祠宇流弊疏》（乾隆二十九年），（清）賀長齡輯：《皇朝經世文編》卷五十八《禮政五·宗法上》，光緒十七年刻本。

216　（清）輔德：《請禁祠宇流弊疏》（乾隆二十九年），（清）賀長齡輯：《皇朝經世文編》卷五十八《禮政五·宗法上》，光緒十七年刻本。

（江西）臣查民間祠堂，如係建於本鄉，時祭饗而聯絡族誼，設公費以教養子弟，乃系敦尚古道，實為美俗可封。若遠於府省地方，祭饗無聞，族誼不洽，其屋宇則傍宿健訟之徒，其公財則積為逞訟之費，頹風敗習，莫此為甚。[217]

府省祠堂設置了大量的祠產，往往為「不肖之徒」所覬覦，他們每每「藉稱合族公事，開銷祠費」，「妄啟訟端」，「同姓立祠，竟為聚訟之地」：

（江西）因而不肖之徒，從中覬覦，每以風影之事，妄啟訟端。藉稱合族公事，開銷祠費。縣訟不勝，即赴府翻。府審批結，又赴省控。何處控訴，即住何處祠堂，即用何處祠費。用竣，復按戶派出私財，任意侵用。是祠堂有費，實為健訟之資，同姓立祠，竟為聚訟之地。欲彌訟端，不得不清其源而塞其流也。[218]

由於這類府省祠堂的危害已經相當嚴重，當局認為應當對全省所有祠堂予以甄別和整頓：

217 （清）輔德：《請禁祠宇流弊疏》（乾隆二十九年），（清）賀長齡輯：《皇朝經世文編》卷五十八《禮政五‧宗法上》，光緒十七年刻本。

218 （清）輔德：《請禁祠宇流弊疏》（乾隆二十九年），（清）賀長齡輯：《皇朝經世文編》卷五十八《禮政五‧宗法上》，光緒十七年刻本。

　　（江西）至現今通飭各屬，查明果係該縣土著，實有近祖可考，歲行祭祀者，仍准其存留外，其餘荒遠不經之始祖，既係附會，神亦不歆非類。應將牌位查毀，譜並削正。其外府州縣奉附之支祖，舍其本籍裡祀，寄主府省，竟作餒而之鬼，為其子孫者，當亦難安，應將牌位撤回。至其廢祠房間，若不隨時削跡，日久保無復立，應令改作平房鋪面，不准本姓棍徒阻撓。或實有願留為該姓應試生童公寓，尚屬可行。倘准留之後，仍有訟棍盤踞，及窩賭窩匪情事，除嚴拿本犯治罪外，即將其屋宇入官，或作堆鋪，或給未建衙署之員弁居住。[219]

　　由此可見，「聯宗」、「亂宗」等現象的出現，不僅挑戰了傳統的宗法倫理，對現實的政治秩序也形成了威脅。

第四節 ▶ 宗族組織與地方行政

　　江西地方政府都注意到，「多強宗大姓」是江西地方的基本特點。[220]可以說，宗族組織的普遍發展，構成了江西地方行政的基本背景之一。宗族組織大量舉辦公共事務，實際上是以某種方

219　（清）輔德：《請禁祠宇流弊疏》（乾隆二十九年），（清）賀長齡輯：《皇朝經世文編》卷五十八《禮政五‧宗法上》。

220　同治《義寧州志》卷七《地理志‧風俗》。

式承擔了眾多原本由官府履行，但因財政制約而日漸萎縮的地方行政職能，官府對基層社會的這種「自治化」傾向常常持鼓勵態度。但宗族組織的過度化發展，尤其是宗族競爭的惡性滋蔓，卻讓官府頗感頭疼，官府又試圖以各種方式限制宗族組織的發展。直至今日，面對宗族組織的「復興」，地方政府的態度也經常處於矛盾之中。

一、宗族組織的積極作用

由於宗族組織大量舉辦地方公共事務，並依據儒家倫理與國家律法制定族規實施自我管理，官府對宗族組織的評價總體上是正面的。從「齊家治國平天下」的傳統儒家政治邏輯出發，官府一直對宗族組織在強化統治秩序方面抱有厚望：

> 唯政治之道，正家為先，善俗之要，明倫為本。故曰天下之家正而天下治。所謂人人親其親，長其長，而天下平也。[221]

雍正年間江西按察使凌燽也認為，江西地區「聚族而居」、「族各有祠」之習俗，存有「同敬合愛尊祖睦族之意」，有望營造「率敬率弟」的社會風氣：

---

221 （清）凌燽：《設立族約議》，（清）凌燽：《西江視臬紀事·續補》。

（江西）士民率皆聚族而居，族各有祠，以敦歲祀。其於同敬合愛尊祖睦族之意，未始不存。既已群聚而州處，使為父言義，為子言孝，率敬率弟，□習心安，則父兄之教自將不肅而成，子弟之學自將不勞而能。[222]

同治《東鄉縣志》的編纂者，對「族規鄉禁」的社會意義也有類似的正面評價：

（東鄉）族規鄉禁，尚有可采，其是非出於公論，而利弊皆所深知，顧力行者何如耳。其法，有不便於鄉者，禁之，違者，有罰，干名犯義者，則告於族長而責之，告於祖而逐之。輕者停其胙，重者削其譜，懲戒嚴矣。[223]

盡管「族規鄉禁」有時會「激而成訟」，但若稍作調整，它仍然可以與「律」不悖，而且「族規鄉禁」的實施可以省去大量的行政成本，「無煩有司督責」：

（東鄉）然有因激而成訟者，謂罪止於身，並其嗣而削之，於律不合。今第除其名，注以「不得與祭」，而妻、子仍存於譜，於律何悖焉？夫移郊移遂，載於禮經，士且不

222　（清）凌燽：《設立族約議》，（清）凌燽《西江視臬紀事·續補》。
223　同治《東鄉縣志》卷八《風土志》。

齒，況在齊民？昔陸子先生以理學執家政，子弟有教而不悛者，告之官府，屏於遠方，事載《宋史》，賢者踵而行之。由近以推之遠，則德化其鄉而風行天下，豈必煩有司督責哉！**224**

有鑑及此，官府也認識到宗族組織對地方行政的重要意義，在具體的行政實踐中也善於利用這一點。在清代，官府利用宗族組織強化地方行政的典型例子，是族正制度的推行。

清代官府很重視保甲制，但其保甲制度推行的效果往往不佳，朝廷強調在「聚族而居」之處，應將保甲制度與宗族組織結合起來，推行「族正」制。雍正四年（1726），上諭指出：

> 地方有堡子村莊，聚族滿百人以上，保甲不能編查，選族中有品望者，立為族正。若有匪類，令其舉報。儻徇情容隱，照保甲一體治罪。**225**

可見，族正制與保甲制的功能一樣，主要是稽查匪類。雍正朝以後，族正制以南方地區大規模推行，江西是族正制得到普遍推行的地區之一。雍正年間江西按察使凌燾曾在詳文中重申設立

224 同治《東鄉縣志》卷八《風土志》。
225 《欽定大清會典事例》卷七九八《刑部・刑律・賊盜》，商務印書館光緒三十四年石印本。

族正之「定例」：

> 至設立族正，久奉定例，誠恐各屬有不能實力奉行，未
> 免日久法弛。應請通飭各屬，如地方村莊聚族滿百人以上，
> 揀選族中人品剛方，素為闔族敬憚者，立為族正。若有匪
> 類，令其報官究治，倘徇情容隱，與保甲一體治罪。務照定
> 例遵行可也。[226]

凌燾在江西推行族正制之初，還曾建議「仿族正之例」，推
行「族約」制度。但推行「族約」制的用意，則主要是試圖扭轉
風氣，使「俗薄風漓，禮教之設百無一二」的現狀得以改變：

> 乃俗薄風漓，禮教之設百無一二。馴至尊以勢傾，卑以
> 強抗，凌弱暴寡，同本相戕，不可枚舉。所謂宗講宗規，家
> 範家約，邈乎無聞。而子弟之惛淫罔檢者，益以無憚。由是
> 推風俗之澆，將於何底？章志貞教長民者，誠當亟亟也。[227]

此前江西巡撫曾希望利用既有的宗族組織中的族長、房長
輩，對「俗薄風漓」予以「化導約束」：

---

226 （清）凌燾：《議建昌府條保甲詳》，（清）凌燾《西江視臬紀事》卷
二。

227 （清）凌燾《設立族約議》，（清）凌燾《西江視臬紀事・續補》。

前蒙憲台洞察其由，備申條禁，案已愷摯詳明。凡有知識，咸當凜奉。茲復蒙以小民不公不法，與其懲創於已犯，不若化誨於未然。各祠既有族長、房長，莫若官給牌照，假以事權，專司化導約束。除公祠之惡習，即以收公祠之實效。特札飭議，仰見憲台牗民範俗籌劃之盛心。查族長、房長均為一族之尊，於通族之賢否、所行之順悖，耳目既真，稽查自易。專以責成，使之化導於平時，約束於臨事，實為事簡而法周。[228]

凌燾認為，族長、房長盡管身份尊貴，但「未必盡公正之人」，以之充任族正，難免不產生弊端：

唯是族長、房長皆有一定之分，未必盡公正之人。且或生長田野，禮法未嫻，或衰憊龍鐘，是非不辨。強悍者瑣褻滋事，柔懦者猥鄙無能，則又難保其不為滋弊。[229]

凌燾提出「仿族正之例」，「無論」是否族長、房長，擇「品行素優，實為合族所敬憚」的舉貢生監，或「人品端方，足以服眾」之一人，充任「族約」，通過官府授權，權力極為廣泛，「專司化導約束，使之勸善規過，排難解紛」：

228 （清）凌燾：《設立族約議》，（清）凌燾：《西江視臬紀事·續補》。
229 （清）凌燾：《設立族約議》，（清）凌燾：《西江視臬紀事·續補》。

似應仿族正之例，通行各屬，凡有世家大族，丁口繁多者，即令該族於尊長內，無論是否族長、房長，擇有舉貢生監品行素優，實為合族所敬憚者，公舉一人，委為族約。無舉貢生監，即選人品端方，足以服眾者一人為之。地方官給以牌照，專司化導約束，使之勸善規過，排難解紛。子弟不法，輕則治以家法，重則稟官究處。至口角爭忿，買賣田墟，或有未清，事涉兩姓者，兩造族約即會同公處，不得偏袒族內。如有孝弟節義及周恤義舉，族約即為報官請獎。族約遇有事故，公舉另替。如惡薄子弟，因族約公言欺凌尋釁，借端報復者，報官重處。至地方一切緝拿逃盜拘犯，隨應諸事，事係保甲，概不得責成族約，俾優其品以專其任。[230]

在這裡，族約被明確要求與保甲區分開來，「俾優其品以專其任」。為「示鼓勵」，任族約者若履行職務合格，還將得到各種優獎：

如果兩年之內化導有方，約束無事，地方官給區獎勵。五年無犯，詳憲請獎。十年之內能使風俗還醇，澆□胥化者，詳請具題獎敘，以示鼓勵。[231]

230　（清）凌燽：《設立族約議》，（清）凌燽：《西江視臬紀事‧續補》。
231　（清）凌燽：《設立族約議》，（清）凌燽：《西江視臬紀事‧續補》。

凌燽希望通過這些規定，充分避免宗族組織的痼弊，發揮宗族組織的優勢以強化地方行政：

> 如此，則報充之族約皆為公正之人。伊等惜身名，自不肯偃仰薄俗。而凜遵法守，亦必無濫行恣罰，以飽貪饕，輕擅戕命。以干憲典之事，庶以族化族，而民風歸厚，公祠之惡習可除，而公祠之實效可收矣。[232]

乾隆初年陳宏謀任江西布政使期間，再申「族正」條例，要求各地「各舉賢者為族正」，以改變以宗祠「公田」供應「好訟」的舊弊：

> （江西）居人族大者，多立宗祠，置公田，以通有無。然好訟，費皆出於公田。宏謀仿呂氏鄉約，令各舉賢者為族正，平其鬥爭，導以禮法。[233]

關於「族約」的這些制度設計，在後來「族正」制的大規模推廣上都有所體現。「族正」被賦予的職責，不僅包括稽查「奸宄」、「化導約束」，而且涉及普及和宣傳律法、勸導「息訟」等內容。

232　（清）凌燽：《設立族約議》，（清）凌燽：《西江視臬紀事·續補》。
233　光緒《江西通志》卷一二八《宦績錄·南昌府》。

族正承擔「普法」職能，緣於江西「好訟」之風的存在。據道光初年江西巡撫的觀察，該省每年「題奏之案」、「咨結之案」、「自理之案」甚多，占用了大量的行政資源：

> （江西）刑獄繁多，每年題奏之案，約二百數十起；咨結之案，約一百數十起；其上下各案門外結自理之案，又不知幾千萬起。[234]

這些「山堆海積」的訟案的起因，「其中知法犯法者，固不乏人」，但「十居八九」是出於「迫於不得已，陷於不自知者」。針對這一情況，從乾隆年間開始，江西地方當局就有意識地對民間推行大規模的普法工作。乾隆七年（1742），江西巡撫陳宏謀曾令有司「將民間易犯各條罪名，摘刊律例」，將這些「普法」小冊「頒發各地方族正講解勸導」，以達到「漸磨消釁」的目的。[235]

道光初年，江西巡撫程含章也針對「律例繁多，愚民難以遍曉」的情況，要求按察司會同布政司、糧鹽道等部門，針對江西常見犯罪情況，將「江西愚民最易犯者，摘錄簡要罪名，匯為一冊」，刊刷頒發各縣，分給「各鄉衿耆、族正人等」，由其隨時

---

234 《摘錄律例刊成小本須發各屬分給各鄉族正與衿耆人等隨時講讀》，《西江政要》（道光三年），第 16-19 頁。
235 《摘錄律例刊成小本須發各屬分給各鄉族正與衿耆人等隨時講讀》，《西江政要》（道光三年），第 16-19 頁。

講勸，希望達到「俾愚夫村婦，咸共聞知，庶成觸目驚心，過善遠罪」的目的。程含章後來又要求按察司等部門，將新增條例也「徑加摘錄」，依照成式，刊刷頒示各縣，分給「分給各鄉族正與衿耆人等，隨時講讀」。程含章還規定，各縣分發的刊本應根據州縣缺分之大小而定，以期普法工作徹底深入，希望通過族正的一體勸試，使民間「默化潛移，共相警省」，最終達到「息訟」的目的：

> 其刊本按州縣缺分之大小，分別發給，大縣一百本，中縣八十本，小縣六十本。如州縣中有地方廣闊，戶族殷繁，不敷散給者，許其稟請補給。俾各族正等得以一體勸誡，見法知懼，觀律懷刑。自必默化潛移，共相警省。雍雍穆穆，家庭有和藹之風；皞皞熙熙，里黨無乖戾之事。比戶可封，躋登仁壽，圍扉鞠草，共享升平。[236]

江西「訟風」之盛行，往往導源於各地以「祠產」充作「訟費」的傳統。道光三年，江西巡撫程含章檄示各屬，要求由宗族「公舉祠正，以理經費」，對祠產的用途強化監管，以期最終消弭好訟之風：

236 《摘錄律例刊成小本須發各屬分給各鄉族正與衿耆人等隨時講讀》，《西江政要》（道光三年），第 16A-19A 頁。

本年十月十五日，奉本府轉奉憲台行奉撫憲檄行，以各屬民祠，均有祠產，往往作為訟費。飭令公舉祠正，以理經費，而資勸化等因。仰見大人提綱挈領，整頓無遺，法美意良，化導有則。從此刁悍之編氓，漸稱作淳良之輩，糾纏之訟獄，消磨於滴育之中。且使報本追遠之民規，得沐永久；好訟爭勝之積習，由是剔除。**237**

從一些記載來看，族正在教化族人，使宗族遠離「爭競」方面還是有一定效果的。如定南的葉可立，「生平正直孝友，樂施尚義」，被宗黨推為「族正」，經其「董勸」，「族無爭競者」：

　　（定南）葉可立，字復權，大石堡人。生平正直孝友，樂施尚義，早歲失怙，母寡弟稚，權撫教諸弟，以博母歡。拮據經營，增拓房產，悉分諸弟，毫無所私。宗黨稱之，推為族正，被其董勸，族無爭競者。**238**

族正制的推行，對官府在民間編排保甲也有很大的幫助。道光年間，御史周作楫針對「江西會匪之案，每多誣扳妄拿」的情況，提議由各族長、紳士「出結捆送」的方法加以應對。江西巡

237　《永新縣稟復奉撫憲通飭設立族正除遵照辦理外，自議四條稟陳》，《西江政要》（道光三年），第 **98-101** 頁。
238　同治《定南廳志》卷五《人物》。

撫吳光悅經調研後指出，江西原已推行族正制度，「歷年照辦」，在「緝獲贛州匪徒」等方面，亦多有貢獻，但「舉充」者往往「不得其人」。皇帝在上諭中要求地方「切實選舉公正族長、紳士」擔任族正，但對族正在稽查「奸宄」等方面的職能仍然寄予厚望：

> 著該撫通飭各屬，切實選舉公正族長、紳士，教誨族眾。如有為匪不法，即行捆送究懲。儻因匪黨較多，力難擒送，亦即密稟官司嚴拏。如有挾私妄誣別情，照例坐罪。仍責成地方文武各官，一有各項匪徒竊發，先行派撥兵役，實力堵拿。不得藉有族長、紳士捆送，置身事外，坐誤事機。其獲案各犯，實有牽累者，許族長、紳士具結保領，立時訊釋，以靖閭閻，而安良善。[239]

二、宗族組織的負面影響

宗族組織的普遍發展，在很大程度上是地方行政的有力幫助，但若不對其加限制而任其發展的話，則宗族組織往往構成地方行政的重大障礙。例如，大姓「匿田」的現象，在明清時期江西地區非常普遍，這對地方政府征稅影響很大。明弘治間顧英任萬載知縣時，曾以清理大姓「版籍」之「宦績」而聞名：

---

239 光緒《江西通志》卷首之三《訓典》。

顧英，字順中，慈溪進士，弘治間知縣。大姓多匿田，英為清版籍，不貸豪右，齊民輸賦如歸。[240]

「大姓」在地方的勢力盤根錯節，有時甚至將耳目安排到政府部門，全面地影響地方政局的發展。清乾隆年間，沈均安代理奉新知縣期間，發現在衙門中充當胥役的人員「多大姓為之」，沈均安曾對此大加整頓：

（奉新）乾隆十四年（1749），（沈均安）奉檄攝邑篆，廉明慈恕，練達政體……奉新民樸而願，號稱易治，惟胥役多大姓為之，勾結深固，實為弊藪。均安至，不少假以辭色，有舞文者，立窮治之。諸猾胥無敢橫者。[241]

宗族組織通過家法族規，對族人和宗族事務進行了全面的規範。家法族規大多依據宗法倫理和國家律法精神而制定，在總體上對既有的政治秩序是起維護作用的。但族規的制定和實施，其主體是宗族本身，官府很難形成有效監督。因此，有些族規在個別條款上往往與國家律法相抵觸，或與宗法倫理相違背，這是官府無法容忍的。雍正年間江西按察使凌燽就注意到，江西「城鄉暴戶」，往往有「饕餮口腹，戕虐身命之族禁」：

240　民國《萬載縣志》卷五《職官‧宦績》。
241　同治《奉新縣志》卷七《秩官志‧知縣》。

（江西）故家大族，以及編戶之家，皆設立祠堂，以展
歲時之饗，共尊親崇本者，固自不乏。而城鄉暴戶，輒有不
法族惡，遇事生風。偶見族人稍有干犯，不計親疏，不問輕
重，動稱祠禁，輒糾多人，群聚醉飽。少不遂欲，恣索無
休。甚至擊鼓聚眾，押寫服辜，倡言致死。而族中無賴惡
少，借勢逞威，或捆縛抬溺，或毒毆活埋。以昭孝昭敬之
區，為滅性滅倫之地。族黨不勸，地鄰不阻，群相效尤，群
相隱匿，此等惡俗，殊駭見聞。[242]

　　凌燽指出，此種「族禁」不僅有悖「睦族」、「敦倫」的儒
家宗法倫理，而且其私設公堂還直接違反國家法律，其後果是極
其嚴重的：

　　本司蒞任以來，屢經懲創，而現在仍報案頻聞。夫一族
之中，賢愚不等，所賴父兄尊長教率於平時，戒飭於臨事，
故人樂有賢父兄也。若勒罰以飽貪饞，戕命以逞凶暴，是睦
族而族誼已乖，敦倫而倫紀已滅。以祖宗為有知，能無隱
恫；以祖宗為無知，則祠堂之設又復奚為？究之殺人者死，
國有常刑，則戕人適以自戕，此時悔恨，又復奚及？[243]

242　（清）凌燽：《禁止藉稱祠禁勒罰滋事》，（清）凌燽《西江視臬紀事》
　　　卷四。
243　（清）凌燽：《禁止藉稱祠禁勒罰滋事》，（清）凌燽《西江視臬紀事》
　　　卷四。

凌燽要求各屬，嗣後不得再有此類「干犯法紀」的現象出現，如果誰再「托名祠禁，勒罰滋事」，必將懲以重律：

> 嗣後如有族人干犯法紀，教誡不悛，輕則量以家法責懲，重則請以官法究處。倘有仍前托名祠禁，勒罰滋事者，定即照律科懲。倘敢倡議將人致死者，造意加功，定即按照謀故情形，分別坐以斬絞重辟。不行勸首之族黨地鄰，一體科罪。**244**

宗族組織的過度化發展，還經常導致族姓間包括械鬥在內的各種衝突，也極令官府頭疼。雖然「推究其原，曾無深仇積怨。大抵地基墳界，偶有未清；水道蔭塘，偶有未溥。其值最微，其事甚小。而悍焉不顧，忘身斗狠」**245**。這嚴重地沖擊了既有的社會秩序。雍正年間署江西按察使凌燽，曾在民間大力開展「普法」工作，制定《五刑圖》，「以期觀感」：

> 本署司每當讞牘，深察其由，誠示諄詳，不啻再四。又恐愚夫愚婦，習俗難移。復將五刑繪為審決圖像，摘取律

---

244 （清）凌燽：《禁止藉稱祠禁勒罰滋事》，（清）凌燽：《西江視臬紀事》卷四。

245 （清）凌燽：《請開鼓鑄勤稽緝並鄰邑協緝族保約束條詳》，（清）凌燽《西江視臬紀事》卷二。

條，表於其端，名曰《五刑圖》，刊布各屬，以期觀感。[246]

但這並未制止宗族械鬥的發生，「而不逞頑民，聚眾互鬥之風，尚未盡戢」。凌燽認為，這與「族尊鄉保」不願負起「約束」之責，「事前則縱惡長凶」，「事後則裝聾作瞶」，有不可推脫的干系：

> 竊以族正有約束之條，保甲有稽查之責。互毆之家爭地爭墳，分塘分水，以及一切起釁之端，彼此雀角，必有其漸。且糾眾赴鬥，事非俄頃，族尊、保正理無不知。果能約束於平時，稽查於先事，保難即為解紛。即有強悍不遵，亦可稟官究治，宜無不戢。無如族尊鄉保，視同秦越，事前則縱惡長凶，全無顧慮，事後則裝聾作瞶，漠不相關。江省薄欲，所在皆然，良可鄙恨。[247]

凌燽建議，為杜絕「聚鬥」的發生，應當強化對「族尊鄉保」的監管，使其切實擔負起「約束」族眾的責任來：

> 應請嚴飭通示，嗣後地方凡有聚眾爭角，俱責成族尊鄉

---

246 （清）凌燽：《請開鼓鑄勒稽緝並鄰邑協緝族保約束條詳》，（清）凌燽《西江視臬紀事》卷二。

247 （清）凌燽：《請開鼓鑄勒稽緝並鄰邑協緝族保約束條詳》，（清）凌燽《西江視臬紀事》卷二。

保，約束勸諭。如凶徒不遵約束，即刻稟官拿究。倘族尊鄉保仍前漫不管束，致成人命者，即將族尊鄉保照知人謀害他人，不行勸阻，又不首告律，杖一百。即不知情，亦坐以失察，照不應重杖。仍令各縣將責成約束之處，刊刷小示，遍發城鄉村落，一體諭知，庶族保知所凜遵，而凶徒不敢橫恣矣。**248**

江西民眾歷來有「健訟」之名，這也與宗族組織對族產的管理與使用不規範有關。在江西，大量族產被用於「興訟」，這強化了官府對宗族組織的負面評價。雍正年間江西按察使凌燽發現，「公祠收積訟本之俗」，是亟待「整理」地方陋俗之一。在江西，宗族公產甚多，依其本旨，「自應為合族婚喪贍貧濟急之用」：

> 江省聚族而居者，皆有祠堂，有祠堂即有公產。每年所收租利，除納糧祭祀外，餘銀悉行生放，以為公項，其法未嘗不善。但所收租利，自應為合族婚喪贍貧濟急之用。**249**

但「好事者」往往「據此為利」，甚至作為「誑上誣下，告

248 （清）凌燽：《請開鼓鑄勤稽緝並鄰邑協緝族保約束條詳》，（清）凌燽：《西江視臬紀事》卷二。

249 （清）凌燽：《平錢價，禁祠本，嚴霸種條議》，（清）凌燽：《西江視臬紀事》卷二。

評無休」的「訟本」，以致江西「刁訟之風所由不息」：

> 乃江省淳朴之俗，亦鮮周恤之事。而好事者據此為利，
> 微嫌小忿，莫不憑恃公資，以為訟本。誆上誣下，告許無
> 休。更或圖謀風水，占奪巒林，詭立祖名，擇族中之狡黠
> 者，冒名混告，一切盤費食用，皆取給於公祠。狡黠之徒藉
> 以為利，甚至平空唆訟，托稱打點名色，恣為誆騙，以飽私
> 囊。刁訟之風所由不息也。[250]

凌燽認為，江西「公祠收積訟本之俗」不僅有違「報本崇
先」的精神，而且敗壞了社會風氣。他建議，應強化對宗族「公
產」用途的監管，使「公產」用於「公利」，尤其是用於周濟貧
乏等事項，而不是浪費在「健訟」上。只有如此，方可使「公項
皆為義舉」：

> 夫子孫建祠置產，本以報本崇先，乃反為健訟之資。其
> 弊由於公產不為公利，而適以啟覬覦者之心。應通行飭示，
> 凡公租所積，概令增置公產。歲收所積，除完糧備祭外，其
> 餘擇令族正副經管，凡族中有喪不能葬，貧不能娶，以及一
> 切應恤公事，概以公項量力周給。族中遇有訟事，概不許指

---

250 （清）凌燽：《平錢價，禁祠本，嚴霸種條議》，（清）凌燽：《西江
視臬紀事》卷二。

此為用。則公項皆為義舉,而風俗返淳矣。[251]

但實際上,對族產用途的整頓,似乎並沒有收到應有的效果。如道光初年,江西省政當局就指出,江西各地「祠產往往作為訟費」的情況仍然十分普遍。永新知縣徐作楷指出,該縣蕭能任控蕭毓章「侵吞祠產」案,甚至「糾纏涉訟至十餘年之久」:

> (永新)卑縣蕭能任具控蕭毓章侵吞祠產一案,糾纏涉訟至十餘年之久。迨後節外生枝,提省審辦,始能完結,卒至問擬軍徒,而祠產亦費其半。其中深受拖累者,更不計其數。[252]

江西省政當局要求各地以「公舉祠正」,經理族產,「而資勸化」,嚴格控制「祠產」的使用。但永新知縣徐作楷認為,若以祠正一人經理族產,將容易導致祠正與族人之間的矛盾,甚至激成「興訟」之風;若祠正任用不得其人,則族產被挪移侵用就可能經常發生:

> (永新)但以祠產若歸祠正一人管理,倘事涉年久,賬

251 (清)凌燽:《平錢價,禁祠本,嚴霸種條議》,(清)凌燽:《西江視臬紀事》卷二。

252 《永新縣稟復奉撫憲通飭設立族正除遵照辦理外,自議四條稟陳》,《西江政要》(道光三年),第98-101頁。

目倘有未清，不安本分者，或挾祠正督責禁約之嫌，見其年久經理，難以核算，即借口侵欺，以為挾制報復之計。是欲止訟，而復以興訟。即祠正未必盡皆殷實，事權在手，難保其不挪移染指。在挪用之初，原欲從容彌補，而事經日久，力或不足，終致歸於無著，不可不防其漸。[253]

徐作楷建議，應對族產的交接、支放和結算等環節，進行嚴格的限定，以免上述「日後攻訐及侵挪虧缺之弊」：

> 應請將各祠公產，令祠正於充當接管之初，即公同合族人等，將存產及生息銀谷數目，逐一登記明白。所有一歲用費，祠正會同族長支放。年終邀同合族之人，結單清楚，公同畫押。以免日後攻訐及侵挪虧缺之弊，是亦防微杜漸之一端也。[254]

道光四年，袁州知府鄭心一指出，該府所屬的宜春、萍鄉、萬載、分宜四縣中，除分宜「詞訟較少」外，「宜、萍、萬三縣均屬好訟」，其「訟費」也是「祠堂嘗產」：

---

253 《永新縣稟復奉撫憲通飭設立族正除遵照辦理外，自議四條稟陳》，《西江政要》（道光三年），第 98-101 頁。
254 《永新縣稟復奉撫憲通飭設立族正除遵照辦理外，自議四條稟陳》，《西江政要》（道光三年），第 98A-101A 頁。

推原其故，江右之民，多聚族而居，各城鄉俱有祠堂嘗產，以為族中公費。其始本為義舉，流傳既久，不肖子孫藉訐訟為開銷地步，凡有訟費，多取給於嘗產。游手好閒之徒，藉此可資食用。且浮開侵蝕，往往案經斷結，輒上控圖翻，多延一日，則多一日開銷，最為惡習。[255]

鄭心一認為，要移易「健訟」之風，必須「使健訟無資」；而要「使健訟無資」，則必須強化對族產的管理。鄭心一建議，族產的使用不僅要求族中之人互相監督，族長負起監管的責任，而且官府也應適當介入，將族產「逐細查明，當官另立一冊」：

卑府管見所及，應請通飭各屬，凡有祠堂嘗產，皆飭地方逐細查明，當官另立一冊。每年支用，仍令該族中自行經理。若因訟費支銷嘗產，族中人皆許首告，官為懲辦，倍罰入祠。並將支用公費之人，永遠不准經管嘗產。族長聽任侵用，容隱不舉，一並議罰。使健訟無資，此風或可少息。[256]

江西巡撫成格指出，由宗族內部強化對族產監管是妥當的，

255 《議詳民間祠堂產業於族中慎選端愨誠實之人分年輪管，毋許藉為訐訟支銷》，《西江政要》（道光五年），道光三四五年合抄本，第 2-5 頁。

256 《議詳民間祠堂產業於族中慎選端愨誠實之人分年輪管，毋許藉為訐訟支銷》，《西江政要》（道光五年），第 2A-5B 頁。

但「將祠產當官立冊」則需「妥議」，他要求布政司會同按察司拿出一個解決方案：

> （江西）至棍徒希圖開銷祠產公費，健訟生事，實為地方惡習。該府議聽族中首告，懲辦倍罰，甚屬妥協。唯將祠產當官立冊……之處，是否可行，仰布政司會同按察司確核妥議詳奪。[257]

布政司會同按察司經過研究認為，將族產的監管權收歸官府，將導致諸多弊端，最省事的辦法還是由各族「慎選端愨誠實之人，分年輪流管理」，實施族產收支公示和舉報制度，以此扼制「健訟」之風：

> （江西）民間祠堂不少，大約均有祀產。若概令當官立冊，勢必假手胥役，未免事涉紛繁，且恐更滋擾累。應請通飭各屬出示曉諭，凡民間祠堂置有產業，於族中慎選端愨誠實之人，分年輪流管理，游手好閒之徒不得令其經理。每年冬至前，將一年一切收支各款，開列清單，粘貼祠壁，俾眾共知。若因訟訟支銷祠產，許該族眾首告，官為懲辦，倍罰入祠，其人永遠不准管理。如族眾任聽侵用，容隱不舉，一

257 《議詳民間祠堂產業於族中慎選端愨誠實之人分年輪管，毋許藉為訟訟支銷》，《西江政要》（道光五年），第 2A-5B 頁。

並議罰。如此使健訟無費，訟棍無所藉其資食，庶可挽頹風而免滋擾。[258]

可見，官府對族產的管理與使用，實際上無法形成有效的制約。江西「健訟」之風的長期存在，與官府這種刻意的「置身事外」是有一定的聯繫的。

「強宗大姓」在地方上勢力的惡性膨脹，最終將危及官府在地方的統治基礎。一些有識見的地方官是有清醒認識的，他們往往周期性地掀起打擊「強宗大姓」的運動。例如，宋仁宗時期，王平任分寧知縣，就發現當地「多強宗大姓」，王知縣並不因此而稍有顧忌，只要「其家負法」，則「雖細弗貸」：

> （宋）仁宗初，（王平）以秘書丞知洪州分寧縣。土多強宗大姓，前宰以嫌不之按。平無間然，雖賓興未預，皆以禮迎見。至其家負法，雖細弗貸。用是眾服焉。[259]

著名學者周敦頤，他曾任分寧主簿，以能斷獄而聞名江西。在升任南昌知縣之時，南昌民眾慶幸「吾屬得所訴矣」，而地方「大姓」等則「惴惴焉」，害怕受到打擊：

---

258 《議詳民間祠堂產業於族中慎選端慤誠實之人分年輪管，毋許藉為訐訟支銷》，《西江政要》（道光五年），第 2A-5B 頁。

259 同治《義寧州志》卷十八《職官志·名宦·宋》。

周敦頤，字茂叔，道州人。為分寧主簿，有獄久不決，敦頤至，一訊立辨。邑人驚曰：老吏不如也⋯⋯後徙知南昌。南昌人皆曰：是能辨分寧獄者，吾屬得所訴矣。富家、大姓、黠吏皆惴惴焉，不獨以得罪於令為憂，而又以污穢善政為恥。[260]

清初德安知縣馬士宏，針對該縣「西鄉大邑」自明萬曆以來的「詭計侵欺」的局面，「以平圖為己任」，頂住了「持勢上告，陰阻其行者」的壓力，使賦役不均的情況得到根本改變：

馬士宏，海鹽人，順治六年（1649）令德安，有治才。蒲邑秋糧六千四百有零，編甲一百八十，每甲計三十五石，歷征無異。萬曆末年，西鄉大姓詭計侵欺，至有一百八十石一甲，有十四五石及七八石一甲者，混淆舊冊，賦役不均。每臨里役，豪右獨享其利，受害者多致逃竄。公下車，熟知其弊，毅然以平圖為己任。有持勢上告，陰阻其行者。公持平，三十五甲每甲三十五石有零，如山不移。通邑皆受其澤。[261]

潘尊賢於道光間任上高知縣，對當地的「豪宗」、「強族」

260　嘉靖《江西通志》卷五《南昌府・人物》。
261　同治《德安縣志》卷八《職官志・名宦》，同治十年刻本。

等不加情面，「以嚴為治」，使「猾吏、奸民、豪宗、強族」，「無不奉法唯謹。」[262]

近代以來，隨著「西風東漸」，「自由」、「個人」等觀念開始流行，中國傳統的家庭與宗族觀念開始受到批判。新式知識分子懷著強烈的救國使命感，強調改造舊傳統的必要性，認為舊式的家庭與宗教觀念正是應該打倒的對象。魯迅的著名短篇白話小說《狂人日記》，以形象的筆觸，通過人物的獨特心理過程，達到了「暴露家族制度和舊禮教的弊害」的目的[263]，典型地代表了新式知識分子對傳統家族制度的看法，深深影響了一個時代對舊家族制度的整體輿論。

在毛澤東的《湖南農民運動考察報告》中，「族權」更是和「政權」、「神權」、「夫權」一起，被視為「代表了全部封建宗法的思想和制度，是束縛中國人民特別是農民的四條極大的繩索」，是革命的主要鬥爭對象之一。毛澤東認為，只有革命高漲的地方，「壞的族長、經管」才不能繼續為惡，「打屁股」、「沉潭」、「活埋」等舊「族規」才不再繼續迫害人民：

　　農會勢盛地方，族長及祠款經管人不敢再壓迫族下子孫，不敢再侵蝕祠款。壞的族長、經管，已被當作土豪劣紳

262　同治《重修上高縣志》卷七《名宦》。

263　魯迅：《〈中國新文學大系〉小說二集序》，《且介亭雜文二集》，人民文學出版社二〇〇六年版。

打掉了。從前祠堂裡「打屁股」、「沉潭」、「活埋」等殘酷的肉刑和死刑，再也不敢拿出來了。女子和窮人不能進祠堂吃酒的老例，也被打破。衡山白果地方的女子們，結隊擁入祠堂，一屁股坐下便吃酒，族尊老爺們只好聽她們的便。又有一處地方，因禁止貧農進祠堂吃酒，一批貧農擁進去，大喝大嚼，土豪劣紳長褂先生嚇得都跑了。[264]

打倒舊家族的口號與做法，在新中國成立以後的很長一段時間裡得到延續，舊家族的許多內容被視為是應當革除的「四舊」。祠堂被充公，族產被沒收，族規被廢除，族長、房長等被視為是「土豪劣紳」而遭受批判與打擊。原先歸屬於「家族」的「族人」，開始轉變為集體經濟體制下的「社員」。歷史上長期延續的家族傳統，似乎短時期之內就被一掃而光了。

改革開放以來，隨著政治體制的轉型，國家對鄉土社會的直接控制呈現出弱化的趨勢。而隨著農村經濟體制的轉型，家庭聯產承包責任制開始取代原先的集體勞動與分紅制度，集體化時代的「社員」身份之重要性陡然降低。有許多地區，家族又開始承擔祭祖、舉辦公共事務等職能，鄉民重新發現了家族的重要性，「族人」的身份重新變得重要起來。由此可見，家族制度的「復興」也是時代的產物，是與政治經濟形勢的轉型相一致的。

---

264 毛澤東《湖南農民運動考察報告》，《毛澤東選集》卷一，人民出版社一九九一年版。

　　隨著傳統家庭與宗族制度的「復興」，鄉村地區的管理也出現了新的問題。在許多地方，傳統的「家法族規」根據國家法律，被改造成「村規民約」，成為鄉村自治的有效形式。毋庸諱言的是，面對宗族組織的「復興」，尚需以有效的措施加以規范，以發揮其積極意義，防範其消極影響。

歲時節日習俗

　　中國傳統歲時節日風俗是農業文明時代的人類文化表現，也是農業生產文明的產物。伴隨著長期的生產實踐，人們逐漸認識和掌握了農業社會生產的一些規律，產生了以二十四節氣為主的傳統歲時節令，指導農業生產的次序進行。與這些節令相對應，產生了歲時節令日。人們在這些節令日中舉行各式各樣的活動形式，逐步成了一種社會性風俗。

　　這種風俗具有比較鮮明的傳承性、變異性、民族性和地域性。也即是說，它在我們的社會生活當中代代相傳沿承，但也會隨著歷史發展和社會變革而出現一些變化，而且在不同民族以及不同地區之間會有不同的表現形式。

　　江西在古代地理上處於「吳頭楚尾」，因此在民俗文化上兼容了吳越文化、湘楚文化以及周圍地區的民俗文化。除此之外，在其長期發展過程中，還逐漸產生出與當地生產勞動和社會生活密切相關、具有鮮明地方特色的民俗文化活動。

第一節 ▶ 中國歲時節日習俗的現狀

目前中國的歲時節日主要可分為兩種類型：傳統歲時節日和現代節日。顧名思義，傳統歲時節日是指古時流傳下來的節日，它主要又可分為兩種類型，一種起源於古代天文、曆法的日期，也稱之為時令節日，如立春、清明、冬至等；另一種起源於人們生產生活習俗，如春節、端午、中秋、重陽等。現代節日則主要是近現代時期（主要是從民國時期開始）產生的，大都起源於近現代以來的重大社會歷史事件，如三八婦女節、五一勞動節、六一兒童節、國慶節等，但也有起源於天文曆法和社會風尚的，如元旦（公曆）和教師節等。

一、傳統歲時節日

（一）起源於時令的節日

中國古代民眾在總結農業生產的規律上，把一年分為十二個月、四時、八節、二十四節氣。四時即春、夏、秋、冬；八節即立春、春分、立夏、夏至、立秋、秋分、立冬、冬至；二十四節氣即立春、雨水、驚蟄、春分、清明、穀雨、立夏、小滿、芒種、夏至、小暑、大暑、立秋、處暑、白露、秋分、寒露、霜降、立冬、小雪、大雪、冬至、小寒、大寒。人們在這些節氣中，形成了許多指導農業生產的認識，出於生產技術的限制和對農業豐收的祈盼，人們常在一些節氣日當中舉行許多祭神降福驅禍的活動儀式，並且一直延承後代，從而把節氣演變形成了民俗

節日，即時令節日。主要有如立春、驚蟄、清明、立夏、冬至等節日。

（二）起源於生產生活習俗的節日

與農事節令節日不同，傳統節日主要是民間流行的祭拜祖先神靈以及祈願、祝賀生活平安幸福的節日。人們常常在農業生產的開始和結束（收穫）時進行活動，其目的既有對農業豐收的渴望和祈求，也有對生活的喜悅，以及對自然環境與生態及人自身的生活方式的調適和平衡等等。這些節日活動最早都與農事緊密關聯，屬於農事活動範疇，並相沿成習而演變成傳統節日。主要有春節、端午節、中秋節、重陽節等。

二、現代節日

（一）起源於重大歷史事件的節日

中國現代歷史上發生了一系列重大的事件，其中一些被以節日的方式加以紀念。如國慶節、八一建軍節、七一建黨節、五四青年節等，有些是以世界性節日作為中國節日的，如三八婦女節、五一勞動節、六一兒童節等。

（二）起源於生活的節日

除了起源於重大歷史事件的節日外，現代節日中還有起源於社會生活的節日，主要有教師節等。

需要指出的是，現代節日中的一些節日日期在中華民國和中

華人民共和國時期有所不同，如國慶節、教師節、青年節、兒童節等，而植樹節的日期則相同，還有如婦女節、五一勞動節、七一建黨節、八一建軍節等則是新中國成立後設定的節日，受本文主題所限，不予詳述。

歲時節日的形成，以兩方面為顯著標志：一是有固定的日期，即固定的節日期；二是有一定的表現形式，即具體的民眾活動儀式。

節期的最初選擇與確立，是以天文、曆法的知識為基礎的，是人們在長期生產過程中對自然環境與農業生產關係的規律總結；而各種習俗活動的行為及其產生則來源於人們對農業豐收、六畜興旺、生活平安幸福的祈盼，以及對未知自然現象的某種恐懼和崇拜的反映。正是在此種情形下，人類祖先既產生了如二十四節氣等指導農業生產的歲時節日，又產生了如鳴爆燒香、祭神驅疫等祈求神靈護佑的節日習俗活動。

此外，也應看到，歲時節日習俗作為人類社會生產過程中的產物，也是人類社會文化的重要組成部分，因此在其發展過程中又必不可少地會受到社會政治、經濟、文化等多方面因素的影響和制約，並因此產生了一些新的歲時節日，尤其是現代節日大都是這樣產生的。

隨著社會的發展和時代的變遷，歲時節日及其習俗活動也不斷地發生變化。歲時節日的變遷，主要表現在節日數量和節日習俗內容的變化兩方面。就節日數量變化來說，在長期發展過程中，有些古老的節日消失了，如寒食節；一些新的節日產生了，主要如現代節日；有的節日因曆法的變更造成日期的變化，主要

如元旦，一九一二年前元旦節主要是指農曆正月初一，而一九一二年中國改為公曆紀年，將元旦節日改為公曆一月一日；等等。

　　就節日習俗內容變化來說，有些節日的習俗含義發生了一些變更，但還基本保留著節日形成的原貌；有的節日內容變化很大，甚至完全背離了初始之義，轉變成新內容或賦予新的含義的節日。如清明節，它本是二十四節氣之一，反映的是農時氣候與農業生產之間的關係，古代勞動人民用它指導農事生產，據《孝經緯》記載：「春分後十五日，斗指乙，為清明；後十五日，斗指辰，為穀雨。」《白虎通》解釋清明代表的春天節氣之意蘊，指出「嫁娶以春，何也？春天地交通，物始生，陰陽交接之時也。」[1]清明一到，氣溫升高，雨量增多，正是春耕春種的大好時節。故有「清明前後，點瓜種豆」、「植樹造林，莫過清明」的農諺。清明節的起源，據傳始於古代帝王將相「墓祭」之禮，後來民間亦相仿效，於此日祭祖掃墓，歷代沿襲而成為中華民族一種固定的風俗。本來，寒食節與清明節是兩個不同的節日，唐朝時還將祭拜掃墓的日子定為寒食節。但由於寒食節約在清明前後，兩者日子相近，所以後來便將清明與寒食合併為一日，而寒食既成為清明的別稱，也變成為清明時節的一個習俗。

1　（唐）歐陽詢：《藝文類聚》卷三《歲時上》春，汪紹楹校，上海古籍出版社一九八二年版，第41頁。

第二節 ▶ 農事生產節令習俗

農事歲時節令由來已久，它主要來源於古代天文曆法和季節氣候，是由年月日與氣候安排結合排定的。歲時節令習俗緊隨人們的生產活動和社會歷史不斷形成和發展，它們關係到人類農時、種植、收成、氣候等一系列民俗現象，反映了人們關心正常生產、期盼安定生活、祈求健康身體的願望和心理。

長期以來，時令節日主要表現為二十四節氣節日，在這其中，有些節氣日受到人們的很大關注，政府和民間都會舉行一系列的較大規模的儀式活動，如立春、立夏等；有些節氣日則相對冷淡，當天人們不會舉行儀式活動，如小雪、大雪等。除二十四節氣外，民間還存在著一些和農事生產聯繫密切的節日，它們一般在節氣日的前後，如春、秋社日等。人們在節日當天舉行的各種活動形式，有些是在時代進程中因各地民眾的傳說而不斷加以豐富並有所差異。

一、主要農事節令習俗

（一）立春

立春是一年中第一個歲時節氣，俗稱「交春」，民間習慣把它作為春季的開端，有「一年之計在於春」之說。在過去時期，人們對這一天較為重視，認為這一天會決定著今後一年的家運，因而這一天之初吉祥與否至關重要，俗有「立春大於過年」之說。

「立春」當天，各地人們常會舉行紀念活動，其歷史悠久。據現存文獻記載，早在商周時期人們就出現「立春」日祭祀春神的活動。這種主管農事的春神名為句芒，亦稱芒神。據載周朝迎接「立春」的儀式，大致如下：立春前三日，天子開始齋戒，到了立春日，親率三公九卿諸侯大夫，到東方八里之郊迎春，祈求本年風調雨順。《事物紀原》記載：「《禮記·月令》曰：出土牛以示農耕之早晚」[2]。後世歷代封建統治者這一天都要舉行鞭春之禮，意在鼓勵農耕，發展生產。宋代的《夢粱錄》中就記載，「立春，臨安府進春牛於禁庭……宰臣以下，皆賜金銀幡勝，懸於襆頭上，入朝稱賀」[3]。這就證明，迎春活動已經從郊野進入宮廷，成為官吏之間的互拜。到了清代，迎春儀式更演變為社會矚目、全民參與的重要民俗活動，清人所著的《清嘉錄》指出，立春祀神祭祖的典儀，雖然比不上正月初一的歲朝，但要高於冬至的規模。

　　江西各地區民眾在「立春」前一天至立春當天的時間裡，都會舉行熱鬧的迎春祭神儀式，有些沿傳至今還依然存在。人們在立春這天存在著「打春」、「送春」的儀式，以祈求本年風調雨順、農畜興旺、安居樂業。立春日黎明時分，由地方官員率領吏屬等先祭祀芒神，然後由貧民或乞丐扮春官，坐於轎內，後隨前

2　（宋）高承：《事物紀原》卷八《歲時風俗部第四十二·土牛》，金圓、許沛藻點校，中華書局一九八九年版，第 425 頁。

3　（宋）吳自牧：《夢粱錄》卷一《正月·立春》，浙江人民出版社一九八四年版，第 4 頁。

一天做好的泥牛（紙牛塗上泥），在城內外游行後，到南門郊區田間舉行春耕儀式。其後由官吏用彩線纏竹鞭擊打土牛，稱為「打春」；擊打完後，周圍民眾紛紛拾取其中的碎土帶回家，稱為「得春」；有的則是將擊碎的土牛另做成許多小牛，送到各家各戶，稱「送春」。有的縣令還要牽牛在田中犁田一圈，並由侍從割青草一擔帶回，稱為「踏青」。

這種「迎春祭神」儀式活動曾在江西地區廣泛興行，無論是贛北、贛南地區，還是贛東、贛西、贛中地區，都不同程度地存在著相似的活動形式：

（九江）立春月建丑屬牛，寒將極，故出其象以送寒，且以升陽前期掛彩裝百戲，正官率僚屬迎春。至日晨，鞭春礫土牛，民爭拾之，以為「得春」。是日也，以所礫土牛置紙亭中，佐鼓吹送諸鄉薦紳。[4]

（彭澤）立春前一日，為土牛掛彩、妝故事，正官率僚屬迎春。至期清晨，鞭春礫土牛，民爭拾之，以為「得春」。[5]

（湖口）立春先期結彩妝，百戲備，極工巧。導土牛、句芒於前，師生、里老、簿尉後隨，而正官殿焉。具鼓樂儀從以迎春於東郊外，次日晨起鞭春，礫碎土牛，民爭拾土，

4　康熙《九江府志》卷二《風俗‧祭》，康熙十二年刻本。
5　嘉慶《彭澤縣志》卷二《風俗》，嘉慶二十四年刊本。

為「得春」。[6]

（安義）立春，游土牛，市坊各扮演故事，居民咸集競看，官吏、師生從東門「迎春」。次晨，鞭春如制。[7]

（都昌）立春，各備春菜盤陳設天祖前，候時至焚香拜薦。近城者看官「迎春」，以米豆撒牛背祈禳，鞭春後爭取其土以歸。[8]

（德興）立春日，競取春牛土置諸牢內，以兆牲長。[9]

（吉安）立春日，郡縣官率屬迎春於城隍廟，南從太平橋過，候人跪橋側，揚聲曰：「春到太平」。街市結彩，範土牛，迎從東關入。[10]

（永新）立春，先期迎春於城東，合屬官俱盛服，彩亭、鼓吹、雜劇，載土牛起春，簪花列宴。[11]

（萬安）立春先一日，妝扮太平故事數抬，迎至東華觀。候縣長率各屬至，迎句芒神、土牛於儀門外，陳設五穀以兆豐年。石洲戴氏亦扮雜戲、春牛「迎春」。[12]

（井岡山）立春先日迎春，縣學各官俱盛服結彩，載土

---

6 康熙《湖口縣志》卷一《風俗》，康熙十二年刊本。
7 同治《安義縣志》卷一《地理志‧風俗》，同治十年刊本。
8 同治《都昌縣志》卷一《封域志‧風俗》，同治十一年刊本。
9 康熙《德興縣志》卷八《風俗志》，康熙二十二年刊木。
10 民國《盧陵縣志》卷四《疆域志‧風俗》，民國九年（1920）刊本。
11 同治《永新縣志》卷四《地理志‧風俗》，同治十三年刻本。
12 同治《萬安縣志》卷一《方輿志‧風俗》，同治十二年刊本。

牛「迎春」，簪花列宴。**13**

（高安）每至立春前一日，命匠於東郊先農壇作土牛，曰「春牛」，扮芒神，曰「春官」，又令小兒八人戲滾太平錢。合郡文武官員抵東郊參拜畢，各役夫疾趨抬官長入府大堂，府主行耕籍禮，名曰「迎春」。**14**

（上高）立春前一日，狀點社火，扮「春官」，塑春牛並太歲神，先集崇寧寺，後各官至，命「春官」引社火遍游街巷，以兆豐年。**15**

（分宜）立春日，照例紮芒神、春牛，糊以彩紙，官吏隨至東關外，效古者天子三推之典，以重農事。**16**

（高安）立春前一日，命匠於先農壇作土牛，扮芒神，又令小兒八人戲滾太平錢；合郡官詣東郊參拜畢，尋入府大堂行耕籍禮，曰「接春」。**17**

（樂平）農家特重立春，常謂「新春大似年」。舊時立春之際，家家舉行迎春慶儀，以一棵鮮白菜和一菀小麥帶土裝入砂缽內，上插書寫「迎春接福」的紅紙牌和彩紙旗，燃香鳴爆，迎接春天的來臨。**18**

13　同治《永寧縣志》卷一《風俗》，同治十三年刊本。

14　同治《高安縣志》卷二《風俗》，同治十年刊本。

15　同治《上高縣志》卷四《風俗》，同治九年刻本。

16　民國《分宜縣志》卷十四《風俗・生活習慣》，民國二十九年（1940）刊本。

17　同治《瑞州府志》卷二《地理志二・風俗》，同治十二年刻本。

18　《樂平縣志》第十五編《民情風俗》第六十八章《風俗》第二節，

（崇仁）立春先一日，本邑官迎芒神、土牛於東郊，所經街衢結彩，少長雜遝，游觀相樂。至期焚香，放爆竹，曰「接春」。[19]

在萍鄉等地，人們還會舉行儺神驅疫活動，以保佑新的一年太平幸福：

（萍鄉）立春先日，鄉人舁儺神集於城，俟官迎春後即逐疫於衙署中及各民戶。[20]

在九江、上饒、撫州、贛州等地，人們除了舉行「迎春」儀式活動外，一般會根據土牛的成色和芒神的裝束來占卜本年農業豐歉、災害疾病和天氣寒暖等；在上饒、廣豐、玉山縣等地，民眾在當晚還會燃燈放鞭炮，寫春帖，以示吉祥，迎春接福。

（九江）立春前一日，縣令謁府，府率僚屬盛儀從迎春於東郊，士民集觀。為土牛，以其色占一歲豐歉；芒神，或科跣，或巾襪，云主一歲寒燠。[21]

（上饒）立春前一日，迎春東郊，諸行鋪集優伶，結彩亭前導，遠近聚觀，以土牛色占水旱，以句芒冠履驗春寒燠。翼日，祀句芒，鞭土牛，爭拾牛土，謂可療疾。其夜，

生活習俗，上海古籍出版社一九八七年版。

19 道光《崇仁縣志》卷二《疆域志·風俗》，道光元年刻本。

20 同治《萍鄉縣志》卷一《地理志·風俗》，同治十一年刻本。

21 乾隆《德化縣志》卷三《方輿志·風俗》，乾隆四十五年刊本。

涂市燃燈，放花炮，名曰「接春」。[22]

（廣豐）立春前一日，邑大夫而下俱簪花盛服迎春於東郊亭上，設酒脯為禮。諸行儈結彩亭，飾小兒扮故事，金緋璀璨，態貌各異，集優伶輩騎而隨之，哄入城市，觀者如堵。以土牛之色卜災沴，以句芒之裝束驗寒燠。翼日，邑大夫祀句芒，鞭土牛。將散，諸人爭拾牛碎土，執事解牛角及尾以鼓吹導送縣衙，送小土牛於紳士之家。是夜，滿城花炮，燈火輝煌，以「接春」。[23]

（玉山）立春前一日，迎春東郊，遠近聚觀。以土牛色占水旱，以句芒冠履，驗春寒燠。翌日，祀句芒，鞭土牛，爭拾牛土，謂可療疾。供茶、果、五穀種子，爇香燈，放花炮，謂之「接春」。寫宜春帖張庭戶，以迓嘉祥。[24]

（資溪）新春，以「迎春」土牛首紅白等色占水火、疫癘等事、句芒神鞋帽占寒燠、晴雨。[25]

（南豐）立春以春牛首紅白色占水火災祥，以芒鞋跣足占雨暘寒燠。[26]

（撫州）「新春」，觀土牛，以牛首紅白等色占水火等

22 同治《上饒縣志》卷十《風俗》，同治十一年刻本。

23 同治《廣豐縣志》卷一之八《地理志下·風俗》，同治十一年刻本。

24 同治《玉山縣志》卷一下《地理志·風俗》，同治十二年刻本。

25 乾隆《瀘溪縣志》卷一《封域志·風俗》，乾隆十六年刊本。

26 民國《南豐縣志》卷一《疆域志上·風俗》，民國十三年（1924）刊本。

災，以句芒鞋帽占寒燠晴雨。[27]

（橫峰）「立春」前一日迎春，以土牛色占水旱，以句芒冠履占寒燠。翌日，祀句芒，鞭土牛，爭拾牛土，謂可療疾。[28]

（武寧）「迎春日」，縣署前為小田三丘，分三稻，視水之盈虛以驗旱潦。鞭春後，拾牛腹稻草以字雞。[29]

此外，在浮梁、永新、都昌等地，人們也存在立春日祭拜祖先的習俗：

（浮梁）立春，民間祭祖先，以春盤辛菜為會。[30]

（永新）立春，民間祭先祖。[31]

（都昌）立春，各備春菜盤，陳設天祖前，候時至，焚香拜薦。[32]

在贛州、宜春一帶，舊時人們還有「試春」之俗，即立春這一天，將雞蛋豎立在盆碟或桌面上，雞蛋能正立，則說明立春時間已到，時間過了則雞蛋倒下。據說試了春，這一年就會順順當當。

立春這一天，人們也有一些禁忌，如當天屋前屋後不劈柴、

27　同治《建昌府志》卷三《風俗・四時土俗大略》，同治十一年刊本。
28　同治《興安縣志》卷四《地理志・風俗》，同治十年刻本。
29　同治《武寧縣志》卷八《風俗》，同治九年刊本。
30　康熙《浮梁縣志》卷一《風俗》，康熙二十一年刊本。
31　康熙《永新縣志》卷三《風俗》，康熙二十二年刻本。
32　同治《都昌縣志》卷一《封域志・風俗》。

不打樁、不動土，怕驚動了土神，對人畜不利；凡出嫁了的女兒這一天不能在娘家吃飯和住宿；等等。另外，民間將農曆一年當中無立春節氣的年份稱為「啞年」，人們在當年忌結婚、做屋、砌灶、遷居、發蒙等。

新中國成立後，「迎春」習俗有所簡化，至今各地主要存在著在立春時刻焚香、放鞭炮的習俗。這天，各家寫好「迎春接福」的紅紙條，貼於廳堂正中壁上，有些地方人們（如新干縣等地）也會摘幾片春菜插在門上，至立春時刻，即鳴爆、點燭、焚香，敬天地神靈，以期望本年太平幸福。舊時出嫁女兒這天不回娘家的習俗也已廢除。

　　（南豐）為一年二十四節氣之始，有「新春大似年」之說，迄今仍以小白菜作春菜，並按時燃放爆竹迎春接福。[33]

　　（崇仁）立春之日，用紅紙卷一株青菜，掛在門口，貼「迎春接福」、「春至福來」、「新春大發」等小紅聯於廳堂或門首，燃香燭，鳴鞭爆，謂之「接春」。[34]

　　（景德鎮）立春的日子，要燒香、點蠟燭、放鞭炮、燒黃表紙。然後，將早在立春前買的一棵小白菜用一只大茶杯或一個小瓦缽盛些土栽在內（裡）面，其名曰「春菜」。再

33　《南豐縣志》卷三十《風俗宗教》第一章《風俗》第四節，歲時節俗，中共中央黨校出版社一九九四年版。

34　《崇仁縣志》第六篇《社會》第四章《風俗習慣》第三節，禮俗·節日·時序節日·接春，江西人民出版社一九九〇年版。

用一張二指寬的大紅紙將菜梗箍上，以取吉利的意思。另外取一張三、四指寬尺把長的大紅紙寫上「迎春接福」四字，貼在插天竺臘梅的瓷瓶上。這叫「迎春」，或叫「接春」，表示春天已經降臨了。[35]

（二）驚蟄

進入驚蟄後，天氣轉暖，而且開始會打雷，蟄伏在房前屋後及田地裡的冬眠百蟲逐漸蘇醒並將出土活動，結束冬眠期，因而稱為驚蟄。盡管立春以後天氣逐漸轉暖，但直到此時，天氣還是乍寒乍暖，起伏不定，俗稱「凍驚蟄」。農家傳說這日蟲蛇出洞、蜂開眼，各家要悶爆糯穀、炒豆子、花生、煮「驚蟄茶」等，意圖以其響聲驅趕蟲害而獲得豐收。人們認為「炒了果禾不生蟲」，因此，驚蟄又有「炒蟲節」之名。

> （南昌）驚蟄日炒豆，曰「炒蟲」。[36]
>
> （萍鄉）驚蟄日，各家鳴爆，取驚蟄蟲之義；炒豆曰「炒蟲」。[37]

---

35 王云翔：《春節話舊》，《景德鎮文史資料》第八輯，樂平縣印刷廠一九九二年印刷本，第 148 頁。

36 分別見乾隆《南昌縣志》卷三《風俗》，乾隆五十九年刊本；同治《南昌縣志》卷一《輿地志·風俗》，同治九年刻本；民國《南昌縣志》卷五十六《風土志》，民國二十四年（1935）鉛印本。

37 民國《昭萍志略》卷十二《風土志·禮俗》，民國二十四年刊本。

另外，在很多地區，人們還會在這一天進行消毒滅蟲的活動，在屋前房後的牆腳邊下、柱礎、桌椅腳及各個角落撒上一些石灰粉，以消毒殺蟲，消除蟲、鼠、蛇害。

（永豐）驚蟄日，家家用石灰灑牆壁、柱礎及幾榻腳，以辟蟲蟻。[38]

（分宜）驚蟄日，家家戶戶用石灰撲屋隅及牆下以殺蟲。[39]

（撫州）驚蟄，以秫穀投焦釜爆之，以花而姸者吉；以石灰少許置柱礎，為不生蟲蟻。[40]

（南豐）驚蟄，用秫穀爆米作花，以石灰置礎殺蟲。[41]

（資溪）驚蟄，以秫穀投焦釜爆之，以花而姸者吉；以石灰少許置柱礎，謂不生蟲蟻。[42]

在餘干、南康等縣，人們在這天還會浸早稻種，但不如春社日浸種普遍：

（餘干）二月，農家於「驚蟄日」浸禾種，謂「驚蟄種」，然不如（春）社前後為穩。[43]

（南康）「驚蟄」始漬穀種，有遲至「春社」者，故諺

38　同治《永豐縣志》卷五《地理志・風俗》，同治十三年刻本。

39　民國《分宜縣志》卷十四《風俗・生活習慣》。

40　同治《建昌府志》卷三《風俗・四時土俗大略》。

41　民國《南豐縣志》卷一《疆域志上・風俗》。

42　乾隆《瀘溪縣志》卷一《封域志・風俗》，乾隆十六年刊本。

43　同治《餘干縣志》卷二《輿地志二・風俗》，同治十一年刻本。

曰「懶人傍社」。[44]

（崇義）二月，農人糞田，「驚蟄」漬種。[45]

（三）春、秋社

俗稱「社神生日」，「社」是指社官、社公，傳說是社稷之神，又有人說是管理谷物生長的土地神，俗稱為「福主」，主要與「春、秋分」節令有關。社日按日期可分為「春社日」（在春分前後）和「秋社日」（在秋分前後），其中「春曰祈，秋曰報」，即春社是祈求社神護佑本年平安興旺，秋社則是向社神報答護佑之恩，以及期望對日後的繼續護佑。

舊時農村裡，常在立春後的第五個戊日作為「春社日」，人們用茶果、穀飯、酒肉到社壇祭拜土地神，有的地方還會在社稷祠唱演「社戲」，祈求土地神靈，保佑民間一年風調雨順、人畜平安。村民們常會進行聚飲「社酒」、宣講規約等活動。遇有頭年社日後亡故者，其家人在這一天要帶上酒果等到墓地進行培土、祭拜，謂之「掛社」、「攬社」。在贛州一帶，舊時在春社日會專門煮「葷湯」給放牛娃吃，以資犒勞，故當地有「放牛娃子盼過社」之諺。

（安義）「社日」游神，集飲酣歌，謂之「散社」。鄉土

---

44 乾隆《德化縣志》卷三《方輿志・風俗》。
45 光緒《崇義縣志》卷三《風俗》，光緒二十一年刊本。

大夫載酒聯吟，自亭午至晡，謂之「飲社」。新葬墓具酒饌祭之，謂之「醮社」。[46]

（九江）春社，祭祀畢，士人多釀飲，名曰社飲。秋社與春社同。[47]

（湖口）春社，里民詣社所祈祭，約正人等告以鄉約，聚飲而返。秋社，里民詣社所報祭，如春禮。[48]

（武寧）二月「春社」祈穀，同社者祭畢飲酒。八月「秋社」，報賽聚飲。[49]

（浮梁）春社，老農率農夫祭穀神祈年。[50]

唐代詩人王駕在《社日》中描述了鉛山縣民眾當日的生活情形：

鵝湖山下稻粱肥，豚柵雞棲對掩扉。桑柘影斜春社散，家家扶得醉人歸。[51]

對應於春社日，人們將立秋後的第五個戊日作為「秋社

46　同治《安義縣志》卷一《地理志·風俗》。

47　乾隆《德化縣志》卷三《方輿志·風俗》。

48　同治《湖口縣志》卷一《地理志·風俗》，同治十三年刊本。

49　同治《武寧縣志》卷八《風俗》。

50　康熙《浮梁縣志》卷一《風俗》。

51　（唐）王駕：《社日》，引自《鉛山縣志》卷二十七《藝文》第一章《韻文選》第三節，絕句，南海出版公司一九九〇年版。

日」，由於莊稼已收割完畢，人們也和春社一樣，常舉辦一些活動祭拜社神，以表示酬謝之意。在聚眾娛神的活動中，有些地方如東鄉縣還出現了民眾聚賭的現象。

（高安）「春社日」，民間釀錢辦品物祀土穀之神。是日浸種。新葬者標紙錢墳上，謂之「掛社」。霜降後，收獲已畢，農家設辦祭品祀神，名曰「秋社」。[52]

（上高）春社日，民間釀錢辦品物祀本社土穀之神；乃浸種，用草包裹，盛竹簍納水中。新葬者添土，備香楮祭禮於冢前，謂之「掛社」。九月二十八日，收獲既畢，農家辦祭品祀神，名曰「秋社」，以報土穀，以慶年豐。[53]

（宜豐）「春社」，上農以是日浸稻種之最先熟者；各村長幼歡飲，謂之「社酒」。新葬者培土、標紙錢於冢上，謂之「掛社」。九月二十八日，家家宰雞鴨敬福神，食米粉絲。[54]

（鉛山）春社，鄉間最重。有祀神果、祀神酒，少長咸集，賓朋暢飲，頗多樂趣。秋社，報賽祈神，亦如春社。[55]

（金溪）春社日，村民釀金祀神以新穀，村翁各飲社酒以歸。八月田禾既登，鄉村各賽神，召優俳相聚會，為秋報

52　同治《瑞州府志》卷二《地理志二·風俗》。
53　同治《上高縣志》卷四《風俗》。
54　民國《鹽乘》卷六《禮俗志·風俗》，民國六年（1917）刻本。
55　同治《鉛山縣志》卷五《地理志·風俗》，同治十二年刻本。

也。[56]

（東鄉）田禾既登，鄉村各賽神，召優俳相聚會，意本為秋報，後遂有聚賭之舉，然非演夜戲亦無此也。[57]

（資溪）祭社，村保釀錢為會於社廟。春曰祈，秋曰報。八月社日，農家報賽社神。[58]

（德安）仲春之月社日賽社，農浸稻種。[59]

（安遠）春秋「社日」，各坊堡率一二十家為一社會，焚香屠牲，攜酒以祀土穀之神。報賽神祇，在所必有。夏秋間，城市內外合集同會，入廟焚香演戲飲酒，鄉村則照堡甲輪值，迎神在家，硎牲燕會，比戶皆然。[60]

（上猶）二月上戊，鄉間祭社。每數家或十數家，釀錢設酒於壇前，作灶具熟饌供神畢，席地圍坐，啖飲極暢，欣喜歡呼而散之。「秋社」亦然。[61]

此外，許多地方的人們常於春社日浸稻穀種（主要是早熟品種），開始進入春耕季節。

（萍鄉）社日告社，春秋祈報亦如之。春社時，農家播

56　同治《金溪縣志》卷四《風土》，同治九年刊本。
57　同治《東鄉縣志》卷八《風土志・風俗》，同治八年刻本。
58　乾隆《瀘溪縣志》卷一《封域志・風俗》。
59　同治《德安縣志》第三卷《地理志・風俗》，同治十年刊本。
60　同治《安遠縣志》卷一之八《地理志・風俗》，同治十一年刻本。
61　光緒《上猶縣志》卷二《輿地志・風俗》，光緒十九年刻本。

社種，其餘漬種以清明為度。[62]

（德興）二月祭社以祈年也。春分之日漬種下秧。[63]

（分宜）春社日，農村延道士設壇建醮，名曰做「春祈」，有以此日浸稻谷者。上農夫有浸觀音種者，餘則普通。[64]

另外，人們在春、秋社日也存在一些禁忌，如贛州，春社日忌推磨、犁田、用針，認為推磨、犁田會撞破社公的頭，用針會刺破蛇膽以致病蛇頭子（指爛指頭）。[65]

進入民國以後，社日祭神聚會之俗漸廢，目前已不復存在，但社日做米團自食或將其饋送親友的習俗至今仍在一些鄉村地區存在，如撫州地區：

（撫州）這天，農村家家備酒、肉、香、燭敬社神，祈求保佑農業豐收。此俗沿至清末，民初後漸廢。新中國成立後，農村講究科學種田，不信社神。但社日做米團自食、或將其贈送親友的習俗猶存。[66]

62 民國《昭萍志略》卷十二《風土志·禮俗》。
63 康熙《德興縣志》卷八《風俗志》。
64 民國《分宜縣志》卷十四《風俗·生活習慣》。
65 《贛州地區志》第二十七篇《宗教、民俗、故事、傳說》第二章《民情風俗》第五節，禁忌、陋習，新華出版社一九九四年版。
66 《撫州市志》卷十八《宗教·風俗》第二章《風俗》第三節，節令習俗，中共中央黨校出版社一九九三年版。

（南豐）立春後第五個戊日為春社，是舊時祭社神日子，傳說社公是主持一方風調雨順、人畜平安的土地神。農家紛紛採摘鼠曲草（俗稱襄供草）搗爛後摻入米粉中，製作襄供餈，供奉土地神。民國後，社祭活動漸廢，然做襄公餈的習俗，仍沿襲至今。[67]

（四）清明

古代以寒食後第二天（或第三天）為清明，現在一般定為公曆四月五日前後。中國傳統的清明節大約始於周代，距今已有兩千五百多年的歷史。《曆書》載「春分後十五日，斗指丁，為清明，時萬物皆潔齊而清明，蓋時當氣清景明，萬物皆顯，因此得名」。由於氣溫升高，雨量增多，正是春耕春種的大好時節。故有「清明前後，點瓜種豆」、「植樹造林，莫過清明」的農諺。反映出其與農業生產的密切關係。

清明是中國民間傳統的祭祀祖先和已故親人的最重要節日，是重要的「八節」（上元、清明、立夏、端午、中元、中秋、冬至和除夕）之一。清明節的起源，據傳始於古代帝王將相「墓祭」之禮，後來民間亦相仿效，於此日祭祖掃墓，歷代沿襲而成為一種固定的風俗。本來寒食節與清明節是兩個不同的節日，但由於日子接近，而且寒食節也是祭拜掃墓的節日，後來便將清明

67　《南豐縣志》卷三十《風俗宗教》第一章《風俗》第四節，歲時節俗。

與寒食合並為一日，寒食既成為清明的別稱，也變成為清明時節的一個習俗。

在江西地區，人們常於這天去掃墓，俗稱為「掛清」、「掛紙」。但也可在清明前三天進行，也有些地方在節後四天也可，有「前三後四」之說，此後一直到「冬至」，期間不能再掃墓動土了（有些地方在十月初一或十五日也會有掃墓活動）。各家各戶於這天帶著香燭、爆竹、紙錢以及米果、酒、筍、肉等，由長輩帶領晚輩去墳地掛紙、灑酒祭拜，為祖墳培土鏟草、清溝排水等。另外，人們也常會插柳於屋簷，青年男女則多會在這日邀伴至郊外踏青，許多地方還會在宗族祠堂舉行祭拜祖先、聚餐活動等等。

（彭澤）清明，先期沿山掛紙錢，具酒肴，培土掃墓。[68]

（永新）清明，釀糕祭墓，插柳踏青為戲。[69]

（永寧）「清明」，釀羹，具牲醴祭墓，以竹懸紙錢插地。[70]

（定南）清明日，插柳於門，採烏桐葉為烏飯。前十餘日，大戶用羊豕，次用酒饌，拜醮祖塋，掛紙錢，雖生墳亦

68 萬曆《彭澤縣志》卷四《風俗志》，萬曆十年刊本。

69 康熙《永新縣志》卷三《風俗》。

70 同治《永寧縣志》卷一《風俗》。

標錢紙為記。[71]

（樂平）清明，以青餈、黑飯、牲醴祭奠，封土掛紙，唯新墳則祭掃於社前。是日，門戶皆插柳，婦女或簪之於鬢。[72]

（九江）清明，先期掛楮錢，是日具酒肴祭掃墳墓，民間插柳。[73]

古代清明掃墓圖舊時，農村各姓各族或各股房都有公祖，一般都有「清明會」。同姓同族或同股房的人當日會聯宗祭祖，舉辦祭祖筵席，各家派一個代表參加宴會，有的不分男女老幼全部參加，俗稱「吃清明酒」、「過清明會」、「做公堂」。參加宴會的男人要集體到公祖墳山修整墳墓，並在墳前擺上「清明果」、酒、飯、肉等祭品，點香、燒紙、掛紙、鳴炮，舉行公祭儀式。

（萬安）清明節，具牲醴、錢紙展墓除草，雖遠塋不廢。詰朝，於祖祠致祭，子姓依序展拜。[74]

（高安）清明前後五日，攜酒肴、香楮祭於祖宗墓所。[75]

71　順治《定南縣志》卷二《風俗》，順治十四年刊本。
72　同治《樂平縣志》卷一《地理志·風俗》，同治九年刊本。
73　康熙《九江府志》卷二《風俗·祭》。
74　同治《萬安縣志》卷一《方輿志·風俗》。
75　同治《高安縣志》卷二《風俗》。

（浮梁）清明，祭墳，因會族而飲。又，插柳於簷。亦以是日取榆火之意，順陽氣也。[76]

（南豐）具牲醴，展墓祭，復土除草，掛紙錢插柳，族眾釀錢聚族為會，祀廟社、家祠。[77]

在贛州一帶，有的地方在這天將上年出生的本族男孩姓名入族譜，名曰「上丁」，屆時添丁之家需備酒、菜端往祠堂，與族人共飲，稱為「喝上丁酒」。有公產的宗族，由族長主持在祠堂裡祭祖會餐，分「丁肉」。明清時期秀才以上、民國時期高小畢業以上的，還按等級分「善學谷」和「功名肉」。

此外，在清明浸種的做法也在很多地方流行：

（分宜）清明日浸種。諺云：「懵懵懂懂，清明浸種。」或視桐樹開花，荊紫萌芽為浸種日期，皆老農所經驗。[78]

（湖口）清明，婦稚簪柳，數日後浸穀子。諺曰：「清明浸早種，穀雨撒遲秧。」[79]

在贛南一帶，舊時流傳清明為耕牛生日，因此人們會在這天讓牛歇工一日，還給牛灌吃泥鰍、雞蛋、生油等，以祈福耕牛在

76 康熙《浮梁縣志》卷一《風俗‧歲時》。
77 民國《南豐縣志》卷一《疆域志上‧風俗》。
78 民國《分宜縣志》卷十四《風俗‧生活習慣》。
79 嘉慶《湖口縣志》卷十八《歲時民俗》，嘉慶二十三年刻本。

一年中強壯無病。

新中國成立後，廣大鄉村的「清明會」消失了，但做艾米果、祭祖掃墓、插柳踏青、愛護耕牛等習俗一直得到相沿。城鎮機關單位則常組織干群代表祭掃烈士陵園，中小學校常組織學生拜謁烈士陵墓，進行革命傳統教育，或者舉行植樹造林活動等。二〇〇六年五月，清明節被國務院批准列入第一批國家級非物質文化遺產名錄，二〇〇八年被列為國家法定節假日之一。

（五）立夏

立夏日一般為公曆五月六日前後，為夏天開始。在江西地區，由於立夏後開始進入農事繁忙季節，人們的身體體能將受到很大消耗，於是為了能夠在勞作中有較好的精力，幹活有力，農村人家在立夏這天幾乎家家都做米果吃，並准備豐盛的飯菜，全家人聚集就餐，以補充體力和營養，強身健體，所以這一天往往又被叫做「撐夏」、「補夏」、「消夏」等。水上船筏工人尤興此俗。

這天人們紛紛做米粉肉，煮雞蛋，名為「立夏蛋」，民間流傳「立夏不吃蛋，上壙（坎）滾下壙（坎）」的諺語；有的則是吃子雄雞，或者做立夏粑吃；興國等地流行吃醃肉、魚等；萍鄉蓮花縣一帶人們有吃田螺之俗，傳說立夏吃田螺可以明目亮眼；等等。在很多地區，人們飯後流行給大人或小孩稱體重，傳說可防「畏夏」、「退夏」（消瘦）。

（樂平）立夏時節，本縣家家煮食雞蛋，還專門宰殺子

雞公給男少年加餐，意為強身增力，俗稱「撐力」。飽餐之後，還有稱體重的風俗。[80]

（撫州）各家均在這天買豬肉吃，稱「撐夏」，說立夏吃了肉，做事不覺累，不會「畏夏」和「瘦夏」。民間還有這天稱體重的習俗。[81]

（新余）公曆五月六日前後，意為夏天開始，這天多數農家蒸米粉肉，每人吃個「荷包蛋」，俗稱「撐夏」，有「立夏吃個子，芒鎚打不死」之說。[82]

（宜豐）「立夏日」，各家治羹，謂之「立夏羹」。[83]

（蓮花）立夏……還有吃螺吃蛋的習慣。諺云：「立夏吃了子（蛋），棒槌打不死」；「立夏吃了螺，棒槌打不開」。[84]

（興國）二十四節氣，唯立夏日家家宴飲必醉飽乃已，所食多醃肉、醃魚、醃蛋之屬。聞故老言，舊俗儉樸，冬間醃藏此類以待賓客不時之需，過夏入黴則不可復留，故於是

80　《樂平縣志》第十五編《民情風俗》第六十八章《風俗》第二節，生活習俗。

81　《撫州市志》卷十八《宗教‧風俗》第二章《風俗》第三節，節令習俗。

82　《新餘市志》第五十四卷《民情風俗》第三章《風俗習慣》第一節，節日，漢語大詞典出版社一九九三年版。

83　民國《鹽乘縣志》卷六《禮俗志‧風俗》。

84　《蓮花縣志》卷四十一《風俗習慣》第一章《時令節日》第一節，時令，江西人民出版社一九八九年版。

日盡取食之，遂相沿以為令節。[85]

（於都）立夏，出醃肉藏糟，宴聚家人，有用以饋遺親故者。[86]

在贛縣等地，民間流傳這天是狗的生日，人們以米粉肉餵之；而在上猶縣一帶，人們則流行在這天吃狗肉。

（贛縣）是日，聚家人食米粉肉，或謂是日係狗壽辰，必以米粉肉飼之。是日，衡人體重，謂衡後可免退瘦，且除災難。[87]

（上猶）立夏日，人家多煮全雞子，蒸臘肉，以燒酒飲之，並宰狗食之，似亦仿古烹狗祖陽之意。[88]

在南昌、萍鄉等地，農婦們還存在聚飲「立夏茶」的習俗，認為這天飲茶，可以免除一夏之辛苦。

（南昌）立夏日，婦女聚七家茶，相約歡飲，曰「立夏茶」。謂是日不飲茗，則一夏苦晝眠也。[89]

（萍鄉）立夏日，士民家煮粉團食，謂之立夏羹。又有相約歡會飲茶者，曰「立夏茶」。謂是日不飲茶，則一夏

85　道光《興國縣志》卷十一《風俗》，道光四年刊本。

86　同治《雩都縣志》卷五《風俗‧民禮附》，同治十三年刊本。

87　同治《贛縣志》卷八《地理志‧風俗》，同治十一年刻本，民國二十年（1931）重印本。

88　光緒《上猶縣志》卷二《輿地志‧風俗》。

89　同治《南昌縣志》卷一《輿地志‧風俗》。

苦。⁹⁰

（六）「四月八」

在江西各地，農曆四月初八這天相傳為佛祖釋迦牟尼的生日，也是傳統的送「毛娘子」（毛蟲）的日子，人們在這天打掃房屋內外衛生，清除垃圾污泥，消滅害蟲。農戶家家都寫「佛生四月八，毛蟲永不發」、「佛生佛生，毛蟲不生」、「佛法無邊，毛蟲上天」、「佛祖佛祖，毛蟲歸土」、「四月八，大吉昌，文王發軍送毛娘；毛娘送到深山去，風收雨打一掃光」，或是「四月八，毛蟲殺，西風收，永不發」等字樣的紅紙簽條貼在大門及各處壁上。有的人家還買活魚放入河中，謂之「放生」。

民間也將佛祖生日稱為「浴佛節」，各地人們在這天採摘烏繁葉或楊桐葉漬汁浸米煮飯，稱之為烏（桐）飯（有的則還會做成糕點）進行祭拜（有的地方還會舉行演戲迎神活動），另外會打米果、煎油餅等，並將之饋送給親朋好友。寺廟於這天也常會舉行集會活動，稱為「浴佛會」，並做烏桐飯等分發給居民。

（橫峰）四月八日，親鄰以楊桐葉漬汁，蒸烏飯相饋送。⁹¹

（上高）四月初八日，浮屠以梧葉汁蒸飯，遺諸俗家，

90　民國《昭萍志略》卷十二《風土志・禮俗》。
91　同治《興安縣志》卷四《地理志・風俗》。

名曰浴佛會。[92]

（撫州）四月八日，浮屠作「浴佛會」，有烏桐飯、香水，先時婦女往觀之。人家用百果作百和菜，親鄰傳送，歲以為常。是月，坊保多斂錢建醮，謂之禳火，又謂之禳火。先時裝演劇戲，競奇誇富，謂之迎神，今則省矣。[93]

（南豐）農曆四月初八日相傳為佛祖生日，俗稱浴佛節。民間婦女普遍作烏桐飯供佛，家家作烏米糕，揚塵打掃衛生，流傳「四月八，食塊鐵，食了烏米糕，神鬼見了愁」、「佛生四月八，揚塵嫁瓦辣（泛指害蟲），嫁到深山去，永遠不回還」等諺語歌謠，古時有「買生放生」以體現佛道「好生之德」之善舉。[94]

（高安）四月八日，浮屠以桐葉汁蒸飯遺俗家，名「浴佛會」，男女蔬素供佛以祈福。[95]

（鉛山）四月八日為佛生日，用烏繁葉搗汁浸米和糖，炊烏飯，即所謂青精飯也，姻親每相饋送。[96]

（永新）夏四月八日，浴佛供烏飯。[97]

（都昌）四月八日，煮烏豆飯，食小孩童，謂辟蠅，曰

92　同治《上高縣志》卷四《風俗》。

93　同治《建昌府志》卷三，《風俗・四時土俗大略》。

94　《南豐縣志》卷三十《風俗宗教》第一章《風俗》第四節，歲時節俗。

95　同治《瑞州府志》卷二《地理志二・風俗》。

96　同治《鉛山縣志》卷五《地理志・風俗》。

　97　康熙《永新縣志》卷三《風俗》。

「烏蠅飯」。[98]

　　另外，在湖口、彭澤、九江等地，人們還根據這天的晴雨情況來預測本年的水旱狀況：

　　（湖口）四月八日，觀晴雨以占水旱，炊烏飯以避蠅。[99]

　　（彭澤）四月八日，觀雨暘以占旱澇，間用烏米飯。[100]

　　（九江）四月八日，觀雨暘以占水旱。[101]

　　萬安縣民眾也稱四月八日為「黃梅節」，人們於這天有吃黃梅的習俗，認為可以提神：

　　四月八日，名「黃梅節」，人取梅食之，無瞌睡。[102]

（七）「六月六」

　　農曆六月六日。與「四月八」習俗一樣，人們在這天會舉行一些活動，成為一種節令習俗。北宋真宗大中祥符四年（1011），詔以六月六日天書再降為由，定為「天貺節」（意為天賜之意），此後成為士大夫曬書畫的節日。

　　民間傳說這一天是土地菩薩的生日，稱為「婆（鄱）官節」，也有傳說是「城隍生辰」，家家辦佳肴飲宴，人們常會舉

98　同治《都昌縣志》卷一《封域志·風俗》。
99　同治《湖口縣志》卷一《地理志·風俗》。
100　同治《彭澤縣志》卷二《地理·風俗》，同治十二年刻本。
101　同治《九江府志》卷八《地理·風俗》，同治十三年刊本。
102　同治《萬安縣志》卷一《方輿志·風俗》。

行各種祭祀儀式，如用紅紙折成三角形糊在竹簽上，插於田邊或塘邊，俗稱「立酆官」，有的還會舉行游神活動，祈求神靈福佑。

另外，民間又傳說這天是羅漢菩薩「曬經日」，還有傳說是龍王爺及寺廟菩薩曬衣袍的日子，也有說是土地菩薩曬銀子的日子。據說這天的「陽氣」足，氣候乾燥，曬過的衣物不會發黴和被蟲蛀，因此人們也存在六月六曬衣服、書籍等物品的習俗。這一天，家家戶戶都翻箱倒櫃，將家裡所有的衣物全搬出來晾曬。

（彭澤）六月六日，相傳「邑城隍生辰」。前三日掃道清塵，臨期出巡，扮伯爵旗衛，滿街結彩，香案迎迓。各街坊裝臺閣故事，備極精巧，觀者盈市。[103]

（都昌）六月六日曬衣釀醬，士夫家曬書畫。村民有會眾請巫，備旗鼓鑼銃，幡傘夫馬，抬神游社，謂之楹社巫，亦曰游社戶。各都圖不同日，或以初一、初六、初十、十五、十六、二十等日，亦有臨時擇日者，大約不出六月。[104]

（安義）是日曬書畫、衣服。農家祀田祖，祈無螟。[105]

（樂平）六月六日曝，能辟蠹。士以書曝，農以稻曝，女以衣曝。[106]

103　同治《彭澤縣志》卷二《地理‧風俗》。
104　同治《都昌縣志》卷一《封域志‧風俗》。
105　同治《安義縣志》卷一《地理志‧風俗》。
106　同治《樂平縣志》卷一《地理志‧風俗》。

（吉安）六月六日，曝衣物、書畫。民間自一日至六日燒燭禮南斗，名曰「六皇齋」。[107]

　　（萬安）六月六日曬衣釀醬，士子曝書畫。城南慶元廟裝康王神與將軍神，亦如正月十六日之伏虎廟。[108]

　　南豐縣六月六除有曬衣習俗外，還以花椒蒸雞作糜，說是吃後可補陽，有民諺：「六月六，紅酒炒雞肉」；也有取一碗泉水，將雞蛋放入其中，到太陽下暴曬，待一時辰後，雞蛋可曬熟，吃了說是可得陽精，有民諺云：「六月六，曬得雞蛋熟，吃了壯筋骨。」在井岡山，俗謂「洗狗頭」節，把狗拋到水裡洗澡；羅浮一帶土籍居民，對「六月六」比較重視，會邀請親朋好友歡聚節日。而在上猶縣，地方民眾還會以當日晴雨風向占示本年的收成好壞。

　　（南豐）六月六日曬衣。以椒蒸雞作糜以補陽。諺云：「六月六，紅酒炒雞肉」，汲泉水，置雞子其中，卯而曝之，至申而熟，而啖，尤得陽精。[109]

　　（上猶）六月六日，種山土人以此日風色日色，占是年山藝成熟。倘遇風日晴朗，則宰豬置酒相慶祝，佳節宴會，

107 民國《廬陵縣志》卷四《疆域志‧風俗》。
108 同治《萬安縣志》卷一《方輿志‧風俗》。
109 民國《南豐縣志》卷一《疆域志上‧風俗》。

更倍歡欣。[110]

（尋烏）六月六日，宋人謂之「天貺節」者，獨南橋、八付、黃鄉各保祈賽田祖，輪年備食聚飲於社，肴饌爭尚豐盈，名曰「賽盤」。貧乏至有鬻產者，亦侈靡之一端也。[111]

在分宜縣，人們稱當日為「大空亡日」，除了祭神曬衣物習俗外，還存在給老年人打造壽棺的特殊習俗：六月六日，俗名「大空亡日」。老年人多於此日造壽具。古云：「行年六十六，整治棺材木；可以久則久，可以速則速。」士曝書，女曬衣，農祭婆官（考田神，名番官。始五代時，俗相沿，訛傳為婆）。[112]

民國時期將這天定為「曬譜日」，有譜人家晾曬譜牒、古書等，有的地方在家乘譜牒曬好裝箱之後，還存在合族同吃「曬譜酒」的習俗。新中國成立後，翻曬衣物、書籍的習俗得到沿承，現今尚有「六月六，曬衣服」之俗，其他習俗則漸廢。

（八）「吃新」

也稱為「食新」、「嘗新」節，一般為農曆六月的第一個卯日（有時為六月六日），處於小暑和大暑之間。各地民眾於這天

---

110 道光《上猶縣志》卷十一《風俗志》，道光三年刊本。
111 光緒《長寧縣志》三卷《政志·風俗》，光緒二年刻本。
112 民國《分宜縣志》卷十四《風俗·生活習慣》。

都摘取田間新穀，煮成新米飯，合家享用，有些甚至還會邀請親朋好友、長輩師長一起到家裡來聚餐，以慶祝豐收。

通常這天男女多不下田耕作，男子從田中選取新熟的稻穗，供於家中的神龕上，或者掛於廳堂和門首；主婦則以新出的早米做飯或煮粥，採摘辣椒、茄子等應時新鮮蔬菜，下酒做菜，以慶豐收。開宴前要用新米煮成的飯、新米做成的米果、一束未脫粒的早稻穗，連同雞肉魚及香燭、紙錢、爆竹、供酒向祖先及社稷之神叩敬致謝，然後開始聚餐。這種習俗，過去全省皆為流行，目前已漸消。安福縣吃新節於二〇〇八年五月被列入江西省第二批省級非物質文化遺產名錄。

> （南昌）六月早稻熟時，擇辛日作新米飯，先薦祖考，然後合家食之，曰「食新」。[113]
>
> （東鄉）六月卯日，取新穀置米中以為炊，謂之「嘗新」。[114]
>
> （進賢）六月早稻熟，擇辛日作新米飯，先薦祖考，然後合家食之，名曰「食新」。[115]
>
> （龍南）「嘗新」日必具酒肴，先薦而後食。饋遺親朋，

---

113 參見同治《南昌縣志》卷一《輿地志·風俗》；民國《南昌縣志》卷五十六《風土志》。
114 同治《東鄉縣志》卷八《風土志·風俗》。
115 光緒《進賢縣志》卷二《輿地·風俗》，同治十年原刻本，光緒二十四年補刊本。

佐以雜品，彼此往來不絕。[116]

（萍鄉）小暑節，早稻可收，擇卯日「食新」，薦先祖，然後合家食之。[117]

（分宜）小暑節，農村夏曆以逢卯、逢辰合成日，通同以是日「試新」，以為農夫之慶。[118]

（九）「分龍」

農曆夏至後的第三個庚日為初伏，民間稱這天為「入伏」，大約在農曆六月初八日，其後開始進入炎熱的「三伏」天。過去人們流行在這天吃涼粉，認為可防盛夏時長癩子、生痱子；在上饒一帶，人們於當日具香燭、酒果到神廟中去「上三伏香」，並在路邊涼亭施茶於路人，祈求神靈降福，直至三伏結束。這天的晴雨狀況對農業生產影響較大，如果當日下雨，則預示當年雨水充足，如果天晴則預示當年會干旱，因此人們也常稱之為「分龍日」。

（上饒）「伏日」，香燭詣廟，上「三伏香」；又有施茶於路祈福利者，伏盡乃止。[119]

116　光緒《龍南縣志》卷二《地理志・風俗》，光緒二年刊本。
117　民國《昭萍志略》卷十二《風土志・禮俗》。
118　民國《分宜縣志》卷十四《風俗・生活習慣》。
119　同治《上饒縣志》卷十《風俗》。

（廣豐）「伏日」，具香燭、酒果詣神廟，上「三伏香」；
又有施茶飲於涼亭要路，以祈福利者，至伏盡乃止。[120]

　　（萍鄉）夏至後，逢辰分龍，宜雨，喜北風，分龍後雨
不遍及。[121]

　　因為需要水來灌田，農家忌諱這天擔便桶、曬被單及衣物和
罵街等行為，以免得罪了龍王，導致不雨乾旱。為了避免村民在
分龍日出現忌諱行為，過去許多地方村莊都會於分龍日前一天傍
晚在本村祠堂打鑼提醒全村，久而久之也成為了人們的一個節日
習俗。

　　（分宜）夏至後，逢辰日分龍，農村先晚鳴鑼，禁止是
日挑便桶，其例最嚴，恐污穢龍神，不雨遭旱。[122]

　　（南城）分龍日，不挑糞器，不曬褌襦。[123]

　　（永豐）夏至後，逢辰日謂之「分龍」，鄉村間禁止曬
服物，滌溺器，以尊龍神，祈年穀豐稔。[124]

（十）「十月朝」

120　同治《廣豐縣志》卷一之八《地理志下・風俗》。
121　民國《昭萍志略》卷十二《風土志・禮俗》。
122　民國《分宜縣志》卷十四《風俗・生活習慣》。
123　同治《南城縣志》卷一之四《風俗》，同治十二年刻本。
124　同治《永豐縣志》卷五《地理志・風俗》。

舊時將農曆十月初一稱為「十月朝」，有的地方為十月十五（稱為「十月半」、「下元」）。這時候秋收基本結束了，農戶們常在這一天做麻餈、炸大薯、油果等食品，慶賀豐收。同時以齋戒供品祭拜祖先及各神靈，並會舉行演戲等活動，以答謝它們在本年對農業生產的護佑。

（分宜）農曆十月十五日，又稱「過月半」，農家做糯米麻籽送親友，慶賀豐收。[125]

（崇仁）農曆十月十五日，又稱「十月半」，只有相山、山斜、港下等鄉的山區群眾，於這天飲酒加餐，吃米餈，並燃香燭、鳴鞭炮，以示歡慶豐收。[126]

（會昌）十月初一為「十月朝」，各齋戒素供，於是日清晨謁祖祠及各壇宇。[127]

（安遠）十月孟冬朔旦，晚禾既熟，冬酒初香，村社聚會，飲食征逐，俗曰「十月朝」。百日之勞，一日之澤，家家扶得醉人歸。[128]

在演戲祭神娛樂的活動中，有的地方出現了民眾聚賭的情

125　《分宜縣志》第二十九篇《民俗、宗教》第一章《民俗》第四節，民間節日，檔案出版社一九九三年版。

126　《崇仁縣志》第六篇《社會》第四章《風俗習慣》第三節，禮俗·節日。

127　同治《會昌縣志》卷十一《風俗》，同治十一年刻本。

128　同治《安遠縣志》卷一之八《地理志·風俗》。

形：

（分宜）十月「下元」，城北每年有建清平醮者，演劇
動以月計。借開賭抽頭，通宵達旦，四方流氓趨之若鶩，此
風至今不息。城南惟七都有建萬人緣者，專尚演劇，但限以
十年一次，蜂擁不亞城北，今已廢除。[129]

另外，人們也常於這天帶紙錢、紙衣等到墓地進行祭祖吊喪
活動，用彩紙做各種各樣的衣服，到墳前焚燒，叫「送寒衣」。
特別是本年新喪人家尤其如此。黎川、南城等縣民眾還會舉行如
「清明」一樣的掃墓活動。

（南昌）十月朔，吊新喪。[130]
（永新）十月朔，作粉餈，割雞鶩祭墓。新喪者，子、
侄、妻、媳著哀絰，清晨率親戚上冢，殺豕拜奠，名曰「掛
新地」。[131]
（黎川）十月一日，謂之「下元」。人家掃墳如「清
明」，而殺其禮。以彩紙作衣焚之，謂之「送寒衣」。[132]
（撫州）十月一日，多用冥衣於墳墓燒化，謂之「送寒

129 民國《分宜縣志》卷十四《風俗·生活習慣》。
130 乾隆《南昌縣志》卷三《風俗》。
131 同治《禾川書》卷三《風俗》，同治十一年刊本。
132 同治《新城縣志》卷一《地理志·風俗》，同治九年刻本。

衣」。人家開爐，燒茶為會。[133]

（南城）十月一日，謂之「下元」。人家掃墳如「清明」，而殺其禮。以彩紙作衣焚之，謂之「送寒衣」。[134]

（南豐）十月朝，製冥衣和楮幣焚化，兼掃祖墳。[135]

（資溪）十月一日，舊俗用冥衣、楮錢於各墳墓燒化，謂之「送寒衣」。[136]

（分宜）十月望日亦有上冢者。[137]

都昌縣民眾認為十月初一日為牛的生日，蒸米餈以喂之：

十月朔日，農家皆蒸米餈塗牛角，先食牛，後以食人，謂「牛生日」。[138]

此外，在南昌等地，人們還根據十月初一這天的晴雨刮風情況來預示日後的物價高低和產量好壞等：

（南昌）十月初一日，不宜風雨，權受者以風占，量受者以雨占。如初一日竟日大風，則論輕重之物貴，先大後小

---

133 同治《建昌府志》卷三《風俗‧四時土俗大略》。

134 同治《南城縣志》卷一之四《風俗》。

135 民國《南豐縣志》卷一《疆域志上‧風俗》。

136 乾隆《瀘溪縣志》卷一《封域志‧風俗》。

137 同治《分宜縣志》卷一《地理‧風俗》，同治十年刊本。

138 同治《都昌縣志》卷一《封域志‧風俗》。

則始貴終賤，先小後大則始賤終貴，無風則皆賤。量受者占
雨亦然。[139]

（十一）冬至

冬至日一般在公曆十二月二十二日前後。舊俗稱這天為「無
忌日」，民間常於這天舉辦婚嫁、砌灶、建房、遷居、修墳、遷
墓等。舊俗，「冬至節」人們均以祭祖酬神為大事。各姓大宗
祠，在這天殺豬宰羊，陳設祭品，恭行祭禮，酬謝社稷神恩和祖
先；各人家也或上墳祭祖，或在家設祭，俗稱「冬祭」、「掛冬
至」、「攬冬」等。

祭祀結束後，宗族會在祠堂舉行族宴，發丁餅。較小姓族
祠，族中長輩或全部男丁都參加宴飲；較大姓族，則由各小祠尊
長和有名望的人丁參加宴飲，稱為「吃冬至酒」。有的只是備辦
「燕毛酒」，邀請六十歲以上族人赴宴，表敬老之意。發丁餅一
般每人四個，對族中長輩，年齡到了花甲、古稀之年的，或有官
職的，或取得秀才（民國前）、高小（民國）以上文憑的，都按
例增發丁餅，具體標準各地有所不同。還有的地方在當日會雇班
演「冬至戲」。

（南昌）冬至，祀祖於祠。[140]

139 民國《南昌縣志》卷五十六《風土志》。
140 乾隆《南昌縣志》卷三《風俗》。

（萍鄉）冬至，士民多以是日割牲祭祖，取一陽來復之義。[141]

（永新）冬至，巨室合祭始祖於族祠。[142]

（萬安）冬至，拜掃墳墓。[143]

（餘干）冬至，祀祖，於祠會飲，各頒胙有差。[144]

（東鄉）冬至，祀祖，如元旦，有「冬至大似年」之諺。[145]

（金溪）冬至，合族備禮祭先，略如元旦。至月後，村童皆鳴鼓擊金，謂之「臘鼓」。[146]

（崇仁）冬至，祀祖於廟，宴飲頒胙，與清明同。祭產不豐者，則缺此舉。[147]

另外，冬至這天人們也常會舉行「開譜添丁」的儀式活動，即是將本宗族內從上個冬至日至本冬至日一年期間裡出生的男孩按輩分脈絡順次登列於族譜之上（女孩不登列），上譜者家長還要繳交一定數量的錢或物，之後會雇班演「開譜戲」。

「冬至節」過去在士大夫官紳階層尤為隆重，其禮節如元旦

141　同治《萍鄉縣志》卷一《地理志・風俗》。
142　康熙《永新縣志》卷三《風俗》。
143　同治《萬安縣志》卷一《方輿志・風俗》。
144　同治《餘干縣志》卷二《輿地志二・風俗》。
145　同治《東鄉縣志》卷八《風土志・風俗》。
146　同治《金溪縣志》卷四《風土》。
147　道光《崇仁縣志》卷二《疆域志・風俗》。

之俗，有「冬至大似年」之說。

　　（南城）冬至，有祠宇、祭田者，則祭於祠。先一日習儀，至日序班行禮，設饌給胙。無則香燭紙肴，祭於家寢而已。[148]

　　（奉新）冬至，士大夫合族人黎明入祠堂祀先祖，庶民亦然。[149]

　　（九江）冬至，官司賀「長至」，民間不甚重。湖口、彭澤祀祖，曰「冬祭」。[150]

　　（湖口）冬至，民家早設羹飯，以祀祖先，曰「冬飯」。士夫謁祖往來交拜，其禮如「元旦」。[151]

　　（彭澤）冬至，民間早設羹飯祀祖先，名曰「冬飯」。士夫行拜禮，謁禮與「元旦」同。[152]

　　（資溪）冬至，瀘地，村必有祠，先夜於祠設燈燭，坐守黎明，大會族姓祭始祖，頒胙飲福，抵暮而散。[153]

　　（鉛山）冬至，士庶家無論有無祠宇，必立「冬至祀」，以牲醴致告祖考。祭之前日，族長率合族子孫整肅衣冠以

148　同治《南城縣志》卷一之四《風俗》。
149　同治《奉新縣志》卷一《輿地志・風俗》，同治十年刊本。
150　同治《九江府志》卷八《地理・風俗》。
151　康熙《湖口縣志》卷一《風俗》。
152　萬曆《彭澤縣志》卷四《風俗志》。
153　乾隆《瀘溪縣志》卷一《封域志・風俗》。

待。屆期，登堂禮拜。[154]

冬至前後也是民間醃、臘的好時節，因此人們有冬至後醃製肉禽、做黴豆腐、釀造冬酒等以備來春食用的傳統習俗。

新中國成立後，宗祠舉辦的「冬祭」習俗已廢，近年來各家到祖墳祭祖掃墓的習俗重新興起。

二、一些農事節令習俗儀式的傳說

千百年來，關於時令節日中某種習俗活動形式的起源，民間廣泛流傳著許多神話傳說，而且在不同地區有不同的故事和版本，也就造成了各地區形式多樣的習俗形式。這些故事的內容都較為生動通俗，且極具地方色彩，因此雖經千百年之久，卻仍為人們所喜聞樂道，且歷久而彌新，具有濃厚的藝術魅力，從而也構成了節日文化的一個重要組成部分。

（一）南豐「四月八做烏米糕」和「四月八慶『牛節』」習俗的傳說

1. 「四月八做烏米糕」習俗的傳說。農曆四月初八，南豐縣鄉村盛行將糯米和烏茶混合煮熟做成烏米糕的習俗，它起源於當地流傳的一個傳說故事：

154 同治《鉛山縣志》卷五《地理志・風俗》。

據說頭一塊烏米糕是由孝順出名、下獄救母的目蓮做出來的。那年目蓮的母親坐了牢，目蓮常去探監，而每次帶給母親吃的米糕，都給看守吃了。四月初八這天他又去地牢，看到母親餓得皮包骨，腳發軟，站都站不住，回來路上，急得心裡著火，毛毛躁躁，不小心被山上的烏茶樹絆了一腳，人險些跌倒，累累落的烏茶籽落在他身上。目蓮想起端午節食的糯米粽仍，眼睛一轉，想出了個好辦法。他趕緊撿起烏茶籽，回到家裡砸碎和糯米攪拌，蒸熟後舂爛，壓成扁塊，做成糕。

　　目蓮怕母親不知是什麼東西，不敢吃，就寫好一張紙條夾在糕中。目蓮把烏米糕送進牢房，看守的人見到那麼漆黑一塊，不知是什麼東西，不敢吃，就交給目蓮母親。

　　目蓮的娘也不敢吃，掰開見到紙條，才放心地吃掉。這樣，四月八日做烏米糕的風俗就由此流傳下來。[155]

　　2. 「四月八慶『牛節』」習俗的傳說。另外，南豐民眾還把這天尊為「牛節」。牛在這一天不下地耕田，大清早就被放到外面吃露水草，如果沒有吃到露水草，牛則在一年當中都會流眼淚。牛節的來歷也有一段傳說：

　　　相傳很久以前，天上有一位整天只是吃草、游玩、不幹

第九章・歲時節日習俗

活的牛神。有一天，玉帝派他到凡間來安排農事，吩咐他要「禾不栽自生，草不栽不長」。但牛神想到如果凡間都長起草，那他也好享受，於是他到凡間便傳旨：「禾不栽不長，草不栽自生。」

後來凡間遍地是草，人多糧少，到處鬧飢荒，人也餓死了不少，土地神便跑去向玉帝稟報。玉帝聽後十分氣憤，立即傳牛神來對質，牛神聽後自己也大吃一驚，他本只想凡間多長點草，沒想到會餓死那麼多人，便只好認罪，被罰下凡間協助農民種田。牛神雖不情願，但為彌補自己的罪過，只好勤苦勞作，農民也都很愛護它。後來玉帝知道了，便派太乙真君下來，幫它補上當初推下凡間時摔落的上唇牙齒，並贈它鮮甜的露水，許下每年四月初八為「牛節」。這樣，四月初八過牛節便成了一種風俗。[156]

（二）宜春「六月『吃新』先敬狗」習俗的傳說

在宜春一帶，人們有「吃新先敬狗」的習俗，這起源於當地一個古老的傳說：

相傳很古的時候，在宜春一帶，人間沒有穀子、人們靠獵取野物，採摘野菜度日。仙狗知道這件事後，便想了一個

---

[156] 轉引自余悅主編《江西民俗》第九章《歲時節日民俗·節日傳說》，甘肅人民出版社二〇〇四年版，第 220 頁。

辦法「偷穀」下凡。一天，仙狗故意在仙稻堆裡打了幾個滾，全身的毛黏滿仙稻，連尾巴都沾滿了。天黑後，仙狗騰雲駕霧，直奔凡間，不一會，來到了通天河，正好划來一條渡船，仙狗便上了船，艄公到河中心時發現了它，認為不吉利，便要打仙狗，用力過猛，船也翻了。仙狗落水後，毛上的仙稻都被河水沖走了，它便趕緊翹起尾巴，才保住了尾巴上的仙稻種。上岸後，它化作一個老翁，將仙稻種送給了一個農夫，並說：「等獲得收成，再來收錢。」這時，天上烏雲滾滾，電閃雷鳴，仙狗痛得現出原形，並告訴農夫事情的真相，並叫他保住稻種。

　　仙狗被雷打火燒後，再不能登天入仙境了，只能在凡間生活。第二年，農夫種稻，並結出了一串狗尾似的穀穗。六月初六，農夫家用石磨剝了穀殼，煮了第一鍋白米飯。這時，仙狗正好來到農夫家，農夫便舀了幾碗先給狗吃，並向家人講述仙狗送稻下凡的經過。此後，人們便把這天定為「吃新節」，而且先敬碗新米飯給狗吃。**157**

　　長期以來，這些美麗的傳說在當地代代傳誦，沿承至今，它們不僅是各地社會生產和人們生活歷史發展的藝術反映，也構成了節氣習俗活動的形式之一，成為了人們社會生活活動的一部

---

157 轉引自余悅主編《江西民俗》第九章《歲時節日民俗·節日傳說》，
　　　第222頁。

分。

第三節 ▶ 傳統節日習俗

　　傳統節日是除農事節令節日外的歲時節日，主要是民間流行的祭拜祖先神靈以及祈願、祝賀生活平安幸福的節日，受到民眾重視並廣為流傳。傳統節日的主要內容與單純的農事節令節日不同，它以喜慶豐收、祈盼興旺、祝賀平安幸福生活等為主題，節日期間通常會舉行各種傳統的民間游藝活動，如秧歌、龍燈、獅舞、高蹺、花鼓、花燈等，形式多樣，洋溢著一種喜慶節日的娛樂氣氛。

　　傳統節日既有一家一戶的活動，也有聚會性的群眾活動。傳統節日是各項民俗的綜合展現，包括節日的服飾、飲食、禮儀，節日的家庭活動，親友的社交往來，信仰的諸種儀式，娛樂的多樣形式等等，都是節日程序中必不可少的內容。

　　江西各地民間傳統節日名稱除正名外，還習慣以月份稱，如元宵節俗稱「正月節」、「正月半」，端午節俗稱「五月節」，中元節俗稱「七月半」，中秋節俗稱「八月節」等。各地的節日習俗基本上大同小異。

一、主要傳統節日習俗

（一）春節

　　俗稱「過年」，是一年當中最隆重最熱鬧的節日，也是中國

傳統的三大節日之一（春節、端午、中秋）。王安石《元日》：「爆竹聲中舊歲除，春風送暖入屠蘇。千家萬戶曈曈日，總把新桃換舊符。」在江西地區，舊俗春節活動跨度較長，延續月餘，從農曆十二月廿四（少數地區為廿五日）「小年」日起，至次年正月十五「元宵」日止，這段日子統稱之為「過年」。從「小年」到「除夕」，春節序幕逐漸拉開，之後從大年初一至十五日進入高潮，十五日「元宵節」後為尾聲。

在這個傳統節日裡，在外工作或出門之人，都會盡可能趕回與家人團聚，自古流傳「有錢冇錢，回家過年」之說。人們一般從冬至就開始備辦年貨，如曬制各種臘味、蒸製糯米酒、蜜酒，油炸果子，做米果、凍米糖，炒花生、瓜子、豆子等。自小年起直至除夕這段時間，城鎮鄉村熙熙攘攘，人們忙於買年畫、寫春聯，製新衣，男子剃頭理髮等，呈現一派喜慶氣氛。正月初一開始，人們走親訪友，互相拜年，還會舉行眾多的迎新娛樂活動。

1. 小年。也稱為「小除」。在南昌、九江、宜春、上饒、萍鄉、吉安、贛州等地區，「小年日」為農曆十二月二十四日，在撫州一帶則基本上是二十五日。這天人們常會殺雞宰鴨，備酒菜慶祝，俗稱「過小年」、「小孩過年日」。這種習俗歷史久遠，各地的具體活動形式迥異，起源於不同的傳說。

舊時這天（有的地方如分宜縣是二十三日）是「灶君（神）」上天奏報民間日常事情的日子，於是各家各戶都會舉行送「灶君」上天的活動儀式，晚上家家在灶角牆壁上貼一張紅紙印刷的「灶神菩薩」，然後把空飯甑放在鍋裡，甑內點一盞油燈，灶上供祭用碟盤盛裝的茶葉、米果和麥芽糖糕，並點燃香燭，灶下燒

紙錢，鳴放鞭炮。膠牙糖，用麥芽熬制而成，黏性強，《荊楚歲時記》明確指出膠牙糖的象徵意義：「元日食膠牙餳，取膠固之義。」主要是用於賄賂灶神，讓灶神吃了它，黏住嘴，上天不說這家人家的壞話，俗云：「糖黏灶神口，免奏人過失」，以保佑民間風調雨順，四季平安，稱為「送灶司公上天」。

（南昌）二十四日，名「小年日」，送灶神，以餳涂灶門，謂「膠灶神牙。」[158]

（安義）歲終，自二十三、四日起，各以祖規設盛饌，合家宴飲，曰「過年」；祭祀祖先，曰「還年福」。「除夕」亦如之，曰「隔歲」，曰「辭年」。[159]

（宜豐）臘月二十四日，曰「小年」。「祀灶」，掃塵，戚友以果物相饋。[160]

（撫州）臘月「祀灶」，用粉團、糖餅，俗謂灶神朝天言人家過失，用糖取膠牙之意。掃屋塵，名曰「除殘」。[161]

（東鄉）臘月二十三日「祀灶」。二十五日，謂之「小年」。親友以食物相饋遺，謂之「送年」。各刲豢豕祭百神，謂之「還年福」。[162]

158　民國《南昌縣志》卷五十六《風土志》。

159　同治《安義縣志》卷一《地理志·風俗》。

160　民國《鹽乘》卷六《禮俗志·風俗》。

161　同治《建昌府志》卷三《風俗·四時土俗大略》。

162　同治《東鄉縣志》卷八《風土志·風俗》。

（分宜）二十三日夜，「祀灶神」，用瓷盤盛米、豆、餅、稈芯、豆腐，加飴糖供灶神，俗云「糖糊灶神口，上天庭免奏一家過失」。是與柳子厚云「人有三屍神，每逢庚申日輒上詣天曹言人過失，修養家逢庚申日達旦不寐」其事相等。二十四日，名「小年日」，家家掃屋塵，擦器皿，清潔以度歲。[163]

　　這天也稱為「小除」日，家家戶戶要進行大掃除，在高安、上高等地還會在當日傍晚請巫祝做法事、上演傀儡戲等，以祈福消災。景德鎮地區在臘月二十四之後有擺設「天地桌」的習俗，桌上擺著瓷花瓶、蠟燭台、香爐和三杯清茶等，祭祀神靈。

　　（九江）（臘月）二十四日，掃舍宇，祀灶，薦以餳餅，謂甜神之口。[164]

　　（瑞昌）臘月二十四日，掃舍宇，「祀灶」。[165]

　　（樂平）臘月二十四日，掃戶宇，至夜「祀灶」。歲除前數日，各以雞肉、果餌相饋，謂之「饋歲」。[166]

　　（宜春）臘月二十四日為「小年」，掃屋塵，用米實、

163 民國《分宜縣志》卷十四《風俗‧生活習慣》。
164 乾隆《德化縣志》卷三《方輿志‧風俗》。
165 同治《瑞昌縣志》卷一《地理志‧風俗》，同治十年刊本。
166 同治《樂平縣志》卷一《地理志‧風俗》。

飴糖、豆腐「祭灶」，俗云糖粘灶神口，慮其奏人過失。[167]

（上高）臘月二十四日，俗呼為「小年」。至夕具糖飴「祀灶」，亦有二十三日者。年終，親友互相饋遺，曰「送年」。母家以果餅之類遺女家，謂之「邅年」。歲暮，人家多召巫祝，披赭色衣，率幼童鳴鑼擊鼓，跳舞神前，祈福免災，亦鄉人儺之意。伏臘報賽，不演梨園，多用傀儡，或提或挈，相與為樂。[168]

（高安）臘月二十四日，俗呼為「小年」，「祀灶」、掃塵。餘日，親友互相饋，曰「送年」。母家以果餅遺女家，謂之「邅年」。歲暮，人家多召巫祝，披五色衣，鳴鑼跳舞，祈福免災。又有傀儡戲，或提或挈，相與為樂。[169]

（景德鎮）農曆臘月二十四日以後，都要打掃衛生，叫「撣揚塵」。撣揚塵以後，便在距大門或天井不遠的地方擺上一張方桌，圍上桌圍，擺上一只八十件或一百件的瓷花瓶，插上天竺葉、臘梅花各一、二枝，外沿擺上蠟燭台、香爐，靠燭台香爐的裡首，又擺上清茶三杯，這種擺設叫「天地桌」。[170]

小年過後，俗稱「納了年階」，從此日起，家家戶戶撣塵掃

167　乾隆《袁州府志》卷十二《風俗》，乾隆二十五年刻本。
168　同治《上高縣志》卷四《風俗》。
169　同治《瑞州府志》卷二《地理志二·風俗》。
170　王云翔：《春節話舊》，《景德鎮文史資料》第八輯，第148頁。

地，通溝排水，抹洗門窗家具，洗滌被褥蚊帳，大搞環境衛生；
各家各戶開始打餈粑（年糕）、做米果、磨豆腐、碾新米、做新
衣、買年畫等，人們都沉浸在忙碌而歡樂的準備過年的氛圍中。
民間的習俗是：「二十四，洗家事（即整理、清洗家具等）；二
十五，打麻餈；二十六，做豆腐；二十七，煎東西；二十八，殺
雞鴨；二十九，樣樣有；三十夜，脹得屁呱呱。」但如果是新喪
之家，則不掃除、不鳴爆竹。

　　自此直至元宵節，諸事講究順利，說話求吉祥，行動求謹
慎。在小年後至除夕的時間裡，親朋之間流行饋送禮品，稱為
「送年」；嫁女之家要給出嫁女兒送果餅等，稱為「邐年」。出嫁
女兒在娘家居住的，小年後則要回到婆家去，不能再在娘家居
住。

　　　　（萍鄉）臘月二十四日為「小年」，掃屋塵，用米實飴
　　糖、豆腐祀灶，曰「送灶神」。俗云糖黏灶神口，慮其奏人
　　過失也。[171]
　　　　（崇仁）臘月，擇單日拂塵，掃舍宇，換春帖。二十四
　　日，設果「祀灶」，戚友互為歲饋。二十五日，各備酒肴，
　　拜祀於祖廟，尊長及理事者飲之，曰「燒年紙」。[172]
　　　　（金溪）臘月二十四日「祀灶」。二十五日謂之「小

171　民國《昭萍志略》卷十二《風土志・禮俗》。
172　道光《崇仁縣志》卷二《疆域志・風俗》。

年」。親友以食物相饋遺，謂之「送年」。各刲羊豕祭百神，謂之「還年福」。以清水、肉汁各一甌列祭品前，即古元酒太羹之意。[173]

（黎川）臘月「祀灶」，多為二十後擇吉為之，或用「小除日」，席以酒果，不用牲，而用錫，非守禮者多用巫。二十五日為「小年」，用素饌祭祖，亦間用牲醴者，然禮視「除夕」為簡。貧家不能具禮者，多以是日合婚。掃屋塵，名曰「除殘」，用「小年」前後除日。有喪之家不掃塵，不爆竹。[174]

（南豐）「祀灶」，多用臘月二十五，薦以粉團、米糖。是日乃豐邑「小年」，儀同度歲，稍次「除夕」。[175]

（廣昌）臘月，邑俗辦薪米，市井索逋錢。嫁娶、喪葬之事多歸此月。廿四日，掃舍宇，「祀灶神」。[176]

（資溪）臘月，掃屋塵，「祀灶」，多用二十四日，俗謂「灶神朝天」。[177]

（南城）「祀灶」，多臘月二十後擇吉為之，或「小除」前一日，或「小除日」，薦以酒果，不用僧（牲），而用錫。祀畢，以燈置各釜中，圈以甑，蓋以篩，早起視之，以決來

173 同治《金溪縣志》卷四《風土》。
174 同治《新城縣志》卷一《地理志・風俗》，同治九年刻本。
175 民國《南豐縣志》卷一《疆域志上・風俗》。
176 同治《廣昌縣志》卷一《風俗志》，同治六年刻本。
177 乾隆《瀘溪縣志》卷一《封域志・風俗》。

歲豐稔。「小年」，俗以臘月二十四日，用素饌祭祖，亦間有用牲牢者，然禮視「除夕」為簡。掃屋塵，名曰「除殘」，用「小年」前後除日，有喪之家不掃塵。[178]

（萬安）廿四日為「小年」。設灶神衣祀之，至「除夕」焚送。[179]

（尋烏）每歲臘月二十四，夜設餳糕、果品「祀社」，謂之「謝灶」。「小除夕」，謂之「過小年」，合家歡飲。[180]

（於都）臘月廿四，名曰「小年」，有父母而分爨者，以「祀灶」餘物團聚妻孥；至「除夕」盛筵，則合進以衎父母焉。[181]

（南康）歲臘二十四日，掃舍宇，杵米為餈粑相饋。是夕「祀灶」。[182]

（崇義）臘月二十四日，掃舍宇，具儀物合家聚飲，名為「小年」。是夜，「祀灶神」。[183]

2. 除夕。農曆十二月最後一天（大月為三十日，小月為二十九日）俗稱「年三十」、「過年」、「過大年」、「除日」，這天晚上稱作「除夕」，是一年當中最隆重的古老節日。舊時，貧家

---

178 同治《南城縣志》卷一之四《風俗》。
179 同治《萬安縣志》卷一《方輿志‧風俗》。
180 光緒《長寧縣志》三卷《政志‧風俗》。
181 同治《雩都縣志》卷五《民俗》。
182 同治《南康縣志》卷一《風俗》。
183 光緒《崇義縣志》卷三《風俗》。

負債者，躲債在外，除夕深夜方敢歸家過年，故又稱「年關」。

在這一天，農家迎接灶神（有的地方稱為「司命娘娘」）下界一同過年，意為「下界降吉祥」，保佑民眾全家平安。白天，各家各戶宰殺雞鴨，打掃灰塵，粘貼「門神」、「花箋」、「春聯」、「年畫」，人人洗澡換衣，除舊更新，備三牲酒禮，掛祖像於廳堂之上，焚香鳴爆，敬拜天地、神佛、祖宗。點燈時分，合家「團年」，全家圍坐在一起聚餐歡飲，謂之「吃團圓飯」、「公婆飯」，是為全家人最豐盛的一頓飯，有的還會給未及回家團圓的人象徵性地擺一副碗筷，並留定一個座位，但出嫁女兒則不能入席。在開飯前，先要將碗筷擺好，斟上美酒，燃放爆竹，孝敬祖宗、神靈。

（崇義）除夕，掛門彩，新桃符，放爆竹，貼宜春字。擊鼓鳴鑼，合老幼圍爐宴酒，謂之「團歲」。[184]

（吉安）除夕為「大年夜」，換桃符，貼春詞，金鼓達旦。[185]

（萍鄉）除日，換桃符，貼春聯，掃墳墓，薦家廟。合家人雞豚宴飲，曰「團年」。夜燒楓蠟雜香、冬青樹葉，圍爐「守歲」，金鼓爆竹聲，至曉不絕，俗稱「除夕火，元宵

---

184 光緒《崇義縣志》卷三《風俗》。

185 民國《廬陵縣志》卷四《疆域志·風俗》。

燈」。[186]

（分宜）「除日」，換桃符，貼春聯，掃墳墓，謂之「送年」。夜飯薦祖先，割雞三五隻者，供奉後合家集食，謂之「團年飯」，又曰「公婆飯」。夜闌關門，曰「封財門」，討債者止步。燒側柏香、冬青葉以迎司命。圍爐「守歲」，干柴烈火較常加倍。自雞鳴而至達旦，爆竹之聲處處相應。俗云「除夕火，元宵燈」。[187]

（奉新）二十九日，亦設酒饌，如「小年」，少長皆宴會，名曰「大年」。「除夕」，易桃符，更春帖，爆竹、金鼓聲達旦不絕。[188]

（興國）端午、中秋、歲除，為一年三大節，風俗與他處多同。家人團聚飲食，必俟長幼畢集，人眾則連幾合饌，無別食者。「除日」尤重，名曰「團年」。[189]

除夕之夜，家家門前張燈結彩。每戶人家飯後在廳堂上燃起柴火，稱作「點歲火」，全家人圍坐烤火「守歲」，喝茶吃果點，敘聊家常，一般都睡得很晚，有的則通宵達旦不睡。在這過程中，家長須給小輩分發「紅包」，謂之「壓歲錢」，象徵增歲增壽，歲歲平安。在興國等縣則興晚輩須給長輩奉「年湯」，表示

---

186 民國《昭萍志略》卷十二《風土志・禮俗》。
187 民國《分宜縣志》卷十四《風俗・生活習慣》。
188 同治《奉新縣志》卷一《輿地志・風俗》。
189 道光《興國縣志》卷十一《風俗》。

尊老。當晚，各家各戶均不串門，守歲至子夜時，鳴放爆竹關門入睡，稱為「封財門」，之後人不宜再行出入大門。舊時債主清債要趕在封門之前，欠錢人家大門插了燃香，鳴了鞭炮，債主便不再入門，只得來年再收。

（南昌）除夕前，各用祖遺日為臘，曰「團年」。治具皆恪遵祖俗，謂少背即獲不祥。座無姻戚，女嫁者來歸亦禁不入席。諺曰：「嫁了女，賣了田，不能過年。」除夕，雖暖，房中必置火，曰「煨歲」，蓋圍爐「守歲」意，俗謂「應吉利」。諺曰：「除夕火，元宵燈。」婦女於除夕以花貫肉擲床下以供鼠，則鼠不咬衣。[190]

（新建）除夕「守歲」，飲屠蘇酒，放爆竹，擊鼓鳴鑼以待雞鳴，曰「迎歲」。[191]

（永新）除夕，換茶壘、桃苅，修歲事，饋親戚，「守歲」迎旦。[192]

（峽江）歲除，又盛陳儀品從祀。晚集少長家宴，曰「分歲」；坐待旦，曰「守歲」。[193]

（遂川）除夕，更桃符、春帖，門窗貼五彩花錢。午餐盛饌，供祖先、神祇，合家齊集舉箸，曰「團年飯」。夜則

190 民國《南昌縣志》卷五六《風土志》。

191 同治《新建縣志》卷十二《邑肇志・風俗》，同治十年刊本。

192 同治《永新縣志》卷四《地理志・風俗》。

193 同治《峽江縣志》卷一下《地理志・風俗》，同治十年刻本。

圍爐團聚歡飲，或竟夜坐，曰「守歲」，爆竹金鼓之聲達旦。[194]

（萬安）除夕，更桃符、春帖，家人團聚飲，謂之「團年」。或竟夜坐，謂之「守歲」，爆竹金鼓之聲達旦。[195]

（井岡山）除夕，易門神、桃符，姻友以儀物互送。至夜，爆竹鼓樂喧盈，長幼會飲徹夜，謂之「守歲」。[196]

（九江）除夕，聯春貼，響爆竹，增桃符，剪紅紙，縛炭樹門後。祭祖，張樂設饌，燒燭，圍爐聚飲，坐夜分為「守歲」。[197]

（湖口）除夕，設饌祭祖先，有延巫先期舉行者。是日，換桃符，貼春聯，示更新之意。至夕燒燭，圍爐團聚歡慶，坐夜分為「守歲」。[198]

（星子）除夕接灶，家人圍爐不寐，謂之「守歲」。換桃符於門，放爆竹，鑼鼓鳴沸，徹夜達旦。[199]

（都昌）除日，換桃符，貼春聯，封倉櫃。至夕，備香燭、酒肴祭天祖，拜如期數，遇閏亦加一拜。奠畢，圍爐聚

194 同治《龍泉縣志》卷五《政事志・風俗・歲時風習》，同治十二年刻本。
195 同治《萬安縣志》卷一《方輿志・風俗》。
196 同治《永寧縣志》卷一《風俗》。
197 康熙《九江府志》卷二《風俗・祭》。
198 嘉慶《湖口縣志》卷十八《歲時民俗》。
199 同治《星子縣志》一卷《疆域志・風俗》，同治十年刻本。

飲，坐以待旦，謂之「守歲」。[200]

（上饒）除夕祀先，集子姓享餕餘，圍爐達旦，名曰「守歲」。[201]

（鉛山）除夕，比戶換新聯，貼彩錢，懸先人像，陳設果饌祀之。合家飲酒「守歲」。[202]

（樂平）除夕，祀神並先祖，謂之「送歲」。聚家人飲食，謂之「團年」。明燭爇香，或爇炭燔柴，長幼坐以待旦，謂之「守歲」。先期預備品物，為新歲之用；煮米為糈，新歲復蒸而飯之。換桃符，寫春帖，易門神，燃爆竹。燔蒼術、辟瘟丹，謂之「辟邪」。[203]

（宜春）除日，換桃符，貼春聯。薦家廟，團圓宴集，謂之「吃公婆飯」。夜「守歲」，金鼓爆竹之聲比屋相聞。[204]

（高安）除夕，掃屋潔饌，祭祖先，易門神、春帖，響爆竹。少長歡聚，擁護達旦，曰「守歲」。卑幼各往尊長敬候，曰「辭年」。[205]

（宜豐）二十九日，曰「大年」。治饌祭祖，換門神、春帖。「除夕」，少長歡聚，或擁爐達旦，曰「守歲」。卑幼

200 同治《都昌縣志》卷一《封域志·風俗》。
201 同治《上饒縣志》卷十《風俗》。
202 同治《鉛山縣志》卷五《地理志·風俗》。
203 同治《樂平縣志》卷一《地理志·風俗》。
204 乾隆《袁州府志》卷十二《風俗》。
205 同治《瑞州府志》卷二《地理志二·風俗》。

往候尊長，曰「辭年」。各商店結賬收債，至更盡始息。[206]

（橫峰）除夕，貼春聯，換桃符、門神，放爆竹，宰牲設饌以祭先祖。老幼圍爐聚飲，名曰「守歲」。[207]

（崇仁）除夕，設餚饌，家人父子相聚飲，曰「團年」。蒸紅米飯，備新正三日炊，曰「歲飯」。彩繩貫錢，分給小兒輩，名「壓歲錢」。圍爐達旦，曰「守歲」。[208]

（金溪）除日，換門貼，貼門神，或書神荼、郁壘及宜春字。是夕，蒸飯兼數日之炊，名「隔年陳」。爐中燃松明，門外焚柏葉，長幼團坐歡飲，爆竹之聲響應山谷。有坐至達旦者，謂之「守歲夜」；早起供神，謂之「接天香」。[209]

（東鄉）除日，換門貼，貼門神，或書神荼、郁壘及宜春字。是夕，蒸飯兼數日之炊，名「隔年陳」。爐中燃松明，門外焚柏葉，長幼團坐歡飲，有坐至達旦者，謂之「守歲」。昧爽，素食供神，謂之「接天香」。[210]

（資溪）歲除，家設酒肴，祭祖先及土神畢，會飲，鳴鉦鼓，貼桃符，放爆竹，或列炭數行，燒辟瘟丹。圍爐更次坐，謂之「守歲」。[211]

（安遠）（除夕）掛祖先遺像，屠牲祭拜。鼓樂，放爆

206 民國《鹽乘》卷六《禮俗志·風俗》。
207 同治《興安縣志》卷四《地理志·風俗》。
208 道光《崇仁縣志》卷二《疆域志·風俗》。
209 同治《金溪縣志》卷四《風土》。
210 同治《東鄉縣志》卷八《風土志·風俗》。
211 乾隆《瀘溪縣志》卷一《封域志·風俗》。

竹，老幼團聚歡飲，坐至夜分，曰「守歲」。換桃符，明更
新之義。[212]

（尋烏）「除夕」，具雞豚盤饌享祖先，掛門錢，貼宜春
帖，燒爆竹，張燈，聚老幼歡飲，壯者「守歲」。[213]

（南康）「除日」，寫春帖，懸先世遺像於堂，薦以醴
饌，既而燒爆竹，動鼓吹，合長幼宴飲，曰「守歲」。[214]

除夕日，有些地方如井岡山等地的居民還要到菜園裡摘些青
菜回家，把它插在大門旁邊，有的還放到廳內的香桌上，以示來
年納財。在南豐、南城、黎川等縣，存在「除夕夜照歲耗」（也
稱「照年光」）的習俗，與其他地方「元宵夜照歲耗」的習俗有
所不同；小孩自臘月十五後至元宵節有玩「歲鼓」的習俗。

（南豐）歲除，換桃符、春帖。夜則爆竹，或列炭數
行，燒辟瘟丹，圍爐坐更闌，謂之「守歲」。燃燈於各室及
樓上，雞塒、豕苙皆遍，謂之「照歲耗」。[215]

（南城）除夕，換門神、春聯，歲糕、歲飯、紅酒、牲
肴祀先祖，五祀。晚具酒饌聚食，謂之「團歲」。夜熱糁
盆，放花爆，達旦不寐，謂之「守歲」。戚友以糕豚酒肴相

---

212 同治《安遠縣志》卷一之八《地理志‧風俗》。

213 光緒《長寧縣志》三卷《政志‧風俗》。

214 同治《南康縣志》卷一《風俗》。

215 民國《南豐縣志》卷一《疆域志上‧風俗》。

遺，謂之「饋歲」。子弟向尊長拜慶，謂之「辭歲」。燈燃各室，遍及雞塒、豕苙，謂之「照歲耗」。臘月半後，塾師解館，兒童擊金鼓至「元宵」喧逐無已，謂之「歲鼓」。[216]

（黎川）歲除，換桃符、春帖。夜則爆竹，或列炭數行，燒辟瘟丹，圍爐坐更闌，謂之「守歲」。然（燃）燈於各室及樓上，雞塒、豕苙皆遍，謂之「照歲耗」。自月半後，兒童金鼓之聲比屋相聞，至於「元宵」，喧逐無已，謂之「歲鼓」。[217]

在上饒一帶地區，畬族民眾稱農曆臘月最後一天為小年，正月初一為大年。小年無鋪張，幾乎與平時無異。所辦肉食，主要用作祭祀物供品。屆時合族人等集中在祠堂，關緊大門，掛上《高皇圖》，唱《高皇歌》，跳祭祖舞，鑼鼓鏗鏘，節奏強烈。大年則極隆重。居住地相繼不遠的畬民合在一起，選個比較寬敞的地方，桌拼桌，擺上各家拿來的最好的食品，歡快地聚餐。畬民們互相祝福，祈求一年四季天天能過這樣的好生活。新中國成立後，祭祖和合村拼桌吃喝的習俗已慢慢消失。[218]

近些年來，飯後一家圍坐在電視機旁邊觀看春節文藝晚會邊「守歲」成為一種習俗，待深夜零時一到，鞭炮齊鳴，熱鬧空

216 同治《南城縣志》卷一之四《風俗》。
217 同治《新城縣志》卷一《地理志‧風俗》。
218 《上饒地區志》卷三十七《風俗民情》第五章《畬族風俗習慣》第一節，傳統節日，方志出版社一九九七年版。

前。

3. 元旦。俗稱過年，農曆正月初一，為新年開始，舊時稱
「元日」、「元辰」、「元旦」，現在稱為「春節」，是一年當中最
熱鬧的節日，也是中國傳統的三大節日之一（春節、端午、中
秋），節日活動一直延續到十五日。這一天，每家男女老少起床
後都穿上新衣褲、新鞋帽等，窮家也要換上較乾淨的衣服，意為
新年新歲，一切都新。

當日凌晨雞鳴後，家家戶戶選擇吉時打開大門，然後由家長
或長孫燃放鞭炮，迎接福、祿、壽、財、喜以及灶神等四方神
靈，稱為「開財門」、「迎財接喜」、「接初一」，祈求新的一年
大吉大利；並在兩扇大門的中間張貼寫有「開門大吉」四個字的
小紅紙條，寓意全年吉慶。從午夜起，鞭炮聲此起彼伏，直至黎
明。

鳴爆後，家長（或全家男丁）朝大利方向走一段路，稱為
「出行」、「出方」，念上幾句吉利話語，以示開門大吉，四方得
利，招財進寶。「出行」一般朝水流上游的方向走一段，稱「出
門向上」；有的人家也會在頭年先請教風水先生，知道新的一年
哪個方向吉利，「出行」時便朝這個方向走。在「出行」途中，
鄉鄰相遇則交相拜賀。

「出行」回來後，每家焚香秉燭，由家長率兒孫跪拜天地祖
宗、五方神靈，祈求一年吉利；拜後，由兒孫向長輩跪叩拜年
（有的地方是在早飯後）。

初一早餐，有的地方民眾是吃隔年剩飯剩菜，意為「吉慶有
餘，年年有餘」；很多地方民眾這一天是吃素食，說是「齋戒一

日，吉利一年」，以示一年勤儉樸素，餐桌上全都是齋菜（如芥菜、青菜、芹菜、豆腐等）、麵條、年糕、糯米圓等類，取其諧音「發大財」、「年比年高」、「清清吉吉」之意，也有的是用菜煮飯，稱為「財飯」。這天吃葷視為不吉利，謂之「一年昏頭耷腦」，因此在餐桌上連一丁點飛禽走獸的肉星都看不見，到初二日才開始開齋吃葷。

早飯後，人們便開始相互串門「拜年」，鄉村初一人不出村，只是給本村族人、鄉鄰「拜年」。見面要互相祝賀，一般說「恭喜發財」、「大吉大利」、「事事如意」，對長輩和老者則說「添福添壽」、「身體健康」、「長命百歲」等語。各家中都留有長輩、主婦接待，以免拜年者走空（俗稱「打塌皮」），並於堂中擺果品盒，內裝煙、茶、果點等招待，甚至還互相饋送餚果，贈小孩「壓歲錢」。

（南昌）元旦，雞鳴前籠燈或燃炬，鳴鉦燃爆竹開門，男子群「出行」，四方揖，入廚下迎灶神。小兒以紅繩貫壓歲錢，主招喜。以年物饋遺，領新婦遍行見婦禮，喪家衰麻俟弔客。[219]

（九江）元旦，雞鳴起，蕭衣焚香，拜天謁祖，次及尊屬，各序拜。昧旦，擇方隅，取吉行日出方。鄉鄰投刺交

謁，交饋以餈。[220]

（彭澤）元旦，雞鳴起，肅衣冠，焚香拜天謁祖，次及尊屬，各序拜。鄉鄰往來投刺，出則擇方隅取吉。交饋以餈果。[221]

（湖口）元旦，雞鳴起，肅衣焚香，拜天謁祖，次及尊屬，各序拜。鄉鄰往來投刺，旦出擇方隅取吉，交饋以餈果。[222]

（都昌）元旦，雞初鳴，男女咸盥漱，家長肅衣冠向天祖前拜祝（謂之「祝聖」）。比黎明，領合家長幼拜天祖，各十二拜，遇閏加一拜（紳士在家者向闕稽首），次序拜尊長畢，出則擇方取吉。[223]

（萬安）元旦，祀天地、家神，依吉方「出行」，謁祖祠神廟及尊屬，曰「拜年」，飲以春盤。[224]

（井岡山）元旦，衣冠禮拜天地、祖先，焚香祝聖。叩尊長畢，擇吉方「出行」。長幼序次會飲以慶履端。[225]

（定南）元日，陳香燭、酒果，拜上帝及祖先，後拜父母、兄長；親朋往來相慶，曰「賀歲」。[226]

220 同治《九江府志》卷八《地理‧風俗》。
221 嘉慶《彭澤縣志》卷二《風俗》。
222 康熙《湖口縣志》卷一《風俗》。
223 同治《都昌縣志》卷一《封域志‧風俗》。
224 同治《萬安縣志》卷一《方輿志‧風俗》。
225 同治《永寧縣志》卷一《風俗》。
226 順治《定南縣志》卷二《風俗》。

（遂川）元旦，五鼓初，合室長幼肅衣冠，焚香禮天地、祀先祖畢，開門擇方向迎喜神，謂之「出行」。遍叩神廟，返宅序長幼，拜尊屬。[227]

（餘干）元旦，族鄰具衣冠踵門相賀，謂「拜年」。遇相識於途，次揖道吉慶語。[228]

（崇義）每歲元旦，家長率子弟擇方與時之吉者，插燭焚香而祝之，以占一年吉兆，名曰「出行」。拜先禮神畢，卑幼拜尊長，後往親鄰相賀。新年歸聚，長幼宴飲，曰「年酒」。[229]

（德興）正月元旦，肅衣冠，禮祖先暨尊屬，親鄰交賀，「出行」擇所向。[230]

（永新）元旦，禮拜天地、祖宗，次及尊長行輩，遂拜墓謁親朋。[231]

（南城）「元旦」，為一歲首，交相慶賀，往來如織，貧富家皆備果盤留飲，糕果粉麵不一。三日不掃除，不傾水，謂之「聚財」。彼此宴會，遠鄉至者，以元宵前為度。[232]

（廣昌）元旦，雞鳴起，肅衣焚香，拜天地、祝先，次及尊屬，各序拜。鄉鄰往來投刺，以清果遞茶為敬，且出擇

227　同治《龍泉縣志》卷五《政事志·風俗·歲時風習》。
228　同治《餘干縣志》卷二《輿地志二·風俗》。
229　光緒《崇義縣志》卷三《風俗》。
230　康熙《德興縣志》卷八《風俗志》。
231　同治《禾川書》卷三《風俗》，同治十一年刊本。
232　同治《南城縣志》卷一之四《風俗》。

方隅，期歲吉。[233]

（宜春）歲首雞初鳴，中堂設香案，外向拜天神，內向拜祖先迄，尊卑以次拜賀。日出，往來交拜如織。[234]

（高安）元旦，男婦夙興，焚香楮，拜天地、祖宗、家堂、尊長畢，親族相慶，曰「出方」。[235]

（萍鄉）元旦，雞初鳴，中庭設香案，肅衣冠，外向天神拜，內展拜神祖迄，卑者以次拜尊長；日出往來酬拜。[236]

（上猶）元旦黎明，家長率子弟先於祖堂前設燭炷香，行一跪四叩禮，旋出大門外參禮喜神，向四方各三揖，謂之「出行」。[237]

許多地方當日還會舉行到祠堂祭祖、「新丁」上譜的活動，一般生女孩則只是記下生辰、名字，生男孩可領丁餅一雙，主人家往往會攜花生、豆子、糯米糖酬勞，並燃放喜爆一掛為慶。各村祠堂按每家男丁數量發放譜餅等，年老者和考取功名者會額外發放。

（安義）元旦，焚香祝聖。開門，長幼以次展拜，集家

233 同治《廣昌縣志》卷一《風俗志》。
234 乾隆《袁州府志》卷十二《風俗》。
235 同治《高安縣志》卷二《風俗》。
236 民國《昭萍志略》卷十二《風土志‧禮俗》。
237 光緒《上猶縣志》卷二《輿地志‧風俗》。

廟謁祖，散餅餉，謂之「丁餅」。[238]

（進賢）元旦，各村公置譜餅，照灶丁分給，年自六十以上遞增壽餅以示尊崇，自童生、生員以上遞增考餅以為鼓勵。燃炬「出行」，戚友遇於途則交拜。[239]

（金溪）元旦，至祠堂祀祖，鼓吹蕆事。祭畢，計丁給餅，謂之「祠餅」。[240]

（東鄉）元旦，至祠堂祀祖，鼓吹蕆事。祭畢，計丁給餅，謂之「胙餅」，有犯族規者不給，故各族恆重其事。[241]

舊時，初一日，吉安等地城郊農村常會舉行「龍燈」、「獅燈」走村串街或踩地界，或拜祖墳、神社，或給同宗拜年，接燈的村莊和戶主，須安排酒飯或送紅包。在此過程中，往往會出現不同族群「龍燈」途中相遇，圍繞「讓道」問題而產生矛盾，甚至發生械鬥事件，常常引發宗族矛盾，特別是在相鄰的較大村莊、宗族之間。在撫州南豐縣等地，當天下午還要請戲班演戲，或開展彩龍船、蚌殼燈、踩高蹺、打獅子等娛樂活動；在景德鎮浮梁縣，當日會舉行儺舞儀式，以驅逐疫鬼；在鉛山縣，當日有用紅金帖請客書名的「聚財」習俗以及到學堂祭拜先聖並讀書寫字的「發筆」習俗等。

238 同治《安義縣志》卷一《地理志‧風俗》。
239 光緒《進賢縣志》卷二《輿地‧風俗》。
240 同治《金溪縣志》卷四《風土》。
241 同治《東鄉縣志》卷八《風土志‧風俗》。

（浮梁）元旦，雞鳴早起，祠先，飲屠蘇，炊飽食，驅儺逐疫。[242]

（鉛山）新年元旦慶賀，各家用紅全帖，並具筆硯設案於大門內，客來書名而去。三日不汲水，謂之「聚財」。元旦，城內外諸生家必攜子弟捧香楮、酒燭至學拜謁先聖，謂之「出行」；歸，讀書三遍，寫字數十，或作詩一首，謂之「發筆」。去城遠者，率子弟入祠，拜畢以昭穆齒長幼，令一人捧爵，一人持壺，一人捧果盒，舉爵相揖，酒羹而不飲，果獻而不食，三巡三揖退，行此禮，凡三日。亦有以茶代者，其「發筆」與城內外同。[243]

初一這天人們也有很多禁忌，如忌煮飯，吃隔日剩飯或麵食等；忌向門外倒水，洗臉、漱口的水都不倒掉，要用桶盛起來，意為不讓財水外流；忌在屋內掃地，意為不掃掉財氣，燃放的鞭炮也不能掃，以示大吉大利，聚財進寶，要掃地也只能由外向裡掃至某個角落，以免財流於外；忌動用剪刀，意為防止口舌是非；忌別人上門討債，意為防當年財運不好；忌堂門關閉，意為防小孩說話不吉利；忌穿針引線，意為防蟲蛇咬傷；忌照鏡梳頭，意為防生病脫髮；忌說「鬼、死、臭、埋、爛、倒、殺、絕、少、沒有」等不吉之語，多說吉祥話；忌已婚婦女在娘家過

242　康熙《浮梁縣志》卷一《風俗·歲時》。
243　同治《鉛山縣志》卷五《地理志·風俗》。

年，女兒女婿在岳家不得同住一床；等等。打掃活動直到初三後才可以進行。

從初二開始，每天上午（下午一般不外出去拜年）人們開始攜帶餈果、糕點等到外村親朋家走親訪友，互相拜年。不過，過去樂安縣正月初二這天習俗為給亡人靈位拜年，因此這天不拜年；許多地方初三日為「窮鬼日」，人們一般不外出，不宴請，把家裡自初一以來清掃的垃圾送至村邊，發三炷香後燒毀，俗稱「送窮鬼出門」。在撫州、分宜等地，人們在初三日上午這天只到上年有長輩亡故的親友家向亡靈拜年（其中孝橋鄉農村為初四日），下午各家吃辭年酒；在樂安縣，初二這天為拜年禁忌日，當日主要是給亡人靈位「拜新年」，因而當日不走親訪友，不涉足別家，室外相見也不講「拜年」[244]；在南豐縣，則是初三、初五兩日為悼念日，只有過正月初七（俗稱「上七」）後拜年才無禁忌。現在這種舊俗基本廢除。

（高安）正月三日侵（清）晨，束芻像人，以爆竹、鑼鼓歡噪逐鬼，送至河邊，曰「送窮」，即古儺遺意也。「上七日」，各以辛菜治羹，曰「上七羹」。自此，男女各勤其職。諺云：「吃了上七羹，各人做零星。」[245]

---

244 《樂平縣志》第十五編《民情風俗》第六十八章《風俗》第二節，生活習俗·禁忌。
245 同治《瑞州府志》卷二《地理志二·風俗》。

（上高）（正月初）三日晨，束芻像人，備香楮、肉果，執杖鳴鑼鼓，放火爆，歡噪逐鬼，出門至河邊投水中，呼曰「送窮」。[246]

（宜豐）（正月初）三日清晨，各家淨掃堂室塵穢，以爆竹、鑼鼓送至水滸，曰「送窮」。「人日」，各以辛菜治羹，曰「上七羹」。自此，男女各勤其職。[247]

（贛州）舊習拜年規定是：「初一崽，初二郎，初三初四女拜娘」。即初一兒孫向長輩拜年，初二女婿給岳父母拜年，初三、初四出嫁女回娘家拜年。一般親友從初一到十五日互相走訪拜年，互道「恭喜發財」、「萬事勝意」、「健康長壽」等吉祥話。[248]

（興國）新歲拜年，自親族外，雖一面之識悉躬造其家，無僅以過門投柬應故事者，繼而彼此招飲，曰「新年酒」，睦姻之風，藹然古意。[249]

（南康）「元旦」，擇方與時之吉，曰「出行」。秉燭焚香，合拜神祇，謁先祖。既而卑幼拜尊長，退而往親鄰相賀，歸則長幼宴飲，曰「年酒」。三日，淨掃穢屑，盛以土畚，用香燭楮錢之屬送郊野焚之，謂之「送窮鬼」。[250]

246　同治《上高縣志》卷四《風俗》。
247　民國《鹽乘》卷六《禮俗志・風俗》。
248　《贛州市志》第二十八篇《宗教、風俗》第二章《風俗》第五節，節令習俗・傳統節日，中國文史出版社一九九九年版。
249　道光《興國縣志》卷十一《風俗》。
250　同治《南康縣志》卷一《風俗》。

去親戚家拜年的先後次序按親疏程度排列，一般是岳父、岳母、外公、外婆、舅舅、舅母、姑媽、姨媽等。初二這天女婿到岳父母家拜年，有俗稱「初一崽（兒子），初二郎（女婿），初三初四姑婆和姨娘」、「初一的崽，初二的郎，初三初四女看娘」等。小孩也在這天去給外婆、外公、舅舅等拜年。以前，商店店主於這天備豐盛酒菜設宴款待伙計、雇員、學員及親友，表示一年開張鴻發，稱作「起牙」。臘月十六日，也會置辦豐盛酒菜吃一餐，作為歲末牙祭，俗稱「圓牙」或「倒牙」。

過去許多地方在春節期間有「請生（新）客」、「接新人（嫂）」的習俗。「生客」是指上年結婚的新婚夫婦，其中女方請新夫叫「請生客」，男方請新婦叫「接新人」，時間一般是在初四至初六日。以女方為例，新女婿接到岳家後，先到祠堂門前鳴爆、行禮，尊長等鳴爆還禮，其後將其迎到祠堂，先跪拜祖宗，後吃同門酒。酒後岳家帶生客去同族各家拜年，向每一戶送包點心，作為見面禮物，還要向有小孩之家送紅包。期後同族各戶輪流設宴招待，俗稱「請姐夫」，生客不醉不休。各家輪完之後，岳家設宴請各家戶主一起進餐，稱「陪生客」，表示對家族的謝意。生客回家時，尊長、紳士要到祠堂相送。新媳婦在婆家也會受到相似的宴請。近些年來，這種習俗在很多地方已廢，有些鄉村還保留著，但儀式已大為簡略。

（南昌）（初）二日，燒牙祭神，務起早。諺曰：「燒牙早，田不生草。」三日，婿不往婦家，曰「送窮」，亦有不

忌者。[251]

（安義）人日前後，親友交拜，擇吉出行。[252]

（進賢）人日，俗稱「上七」。早食羹湯畢，各就恆業。諺曰：「吃了上七羹，大人小子務營生。」[253]

（萍鄉）親戚無疏近，新年必一人往賀，否則舉諺語譏之曰：「新春不拜年，素日無往來。」二日，燒牙祭神，務早，唯工商家尚之，農家鮮有效之者。[254]

（德安）（初）二、三日，城市鄉堡皆迎土神，行儺禮，鼓吹、爆竹不絕，沿門俱送香及米穀，以祈太平，舒陽氣。[255]

（瑞昌）親朋各詣門交拜，或即留飲，曰「賀春」。[256]

（都昌）（初二）以後逐日族戚往來，設酒交歡慶新年。[257]

（餘干）凡戚屬於初二後攜果餅往來，交相拜。初七日，謂「上七」，家具筵宴相慶。[258]

251 民國《南昌縣志》卷五十六《風土志》。
252 同治《安義縣志》卷一《地理志‧風俗》。
253 光緒《進賢縣志》卷二《輿地‧風俗》。
254 民國《昭萍志略》卷十二《風土志‧禮俗》。
255 同治《德安縣志》第三卷《地理志‧風俗》。
256 同治《瑞昌縣志》卷一《地理志‧風俗》。
257 同治《都昌縣志》卷一《封域志‧風俗》。
258 同治《餘干縣志》卷二《輿地志二‧風俗》。

在會昌縣，正月初五日為「五穀神」生日，當天家家不能煮米飯，只能前晚煮好夾生飯，第二天早晨蒸熟；黎明時，家家燒香迎接「五穀神」上穀倉，祈保「五穀豐登」，至今仍流行。[259]

初七俗稱「上七」、「人日」，民間習慣吃羹湯。這天早晨，用米、豆、花生、番薯、芋頭、大蒜、菠菜、芹菜、芥菜、生姜等菜蔬做成羹湯，稱「七種羹」、「七冬羹」（原指 7 種菜蔬，但不拘於 7 種）。有的地方有「吃了七種羹，打點作營生」之說，意為從這天起，年已過好，各人應在新的一年裡開始新的勞作了。在新余等地，人們認為正月初七是穀的生日，當日忌碾穀、礱穀；初八是米的生日，當日忌煮飯；初九是蕎麥的生日，當日忌吃蕎麵。[260]鉛山、貴溪等縣的畲民在正月初八有「磐瓠節」，這天畲民聚集祠堂，祭祀磐瓠祖圖，由年長者主持團拜，講述磐瓠傳說和畲族來歷。

（奉新）人日，俗謂之「上七」。自「元旦」設香案，至是始撤；七日不出灰糞，於是日掃送。[261]

（於都）人日，采時菜雜米為羹，以饗新嫁之女。[262]

（上猶）正月八日，以米粉雜菜蔬八種煮食，謂之「八

259 《會昌縣志》卷三十二《風俗與宗教》第三章《生產風俗》第一節，農業生產風俗，方志出版社一九九三年版。

260 《新余市志》第五十四卷《民情風俗》第三章《風俗習慣》第五節，迷信禁忌。

261 同治《奉新縣志》卷一《輿地志·風俗》。

262 同治《雩都縣志》卷五《風俗·民禮附》。

寶羹」。[263]

　　正月初十，俗稱「丁日」，舊俗在贛南等地各家設香案迎「丁神」，頭年「添丁者」，須備酒筵請客，名曰「吃丁酒」。

　　春節期間，主要是在初七日後，舊時各地還會舉行諸如祭神、舞龍獅、唱戲、打拳、鬧龍燈、花燈、蚌殼燈等活動。這些活動有的在下午舉行，也有的在晚上舉行，並串家走戶，家家戶戶放鞭炮迎接，以祈驅禍降福、興旺發達。如在靖安縣，民眾於初十日會舉行「游社火」活動，由少年兒童扮成戲劇中的人物，如《三顧茅廬》中的劉備、關羽、張飛，《借東風》中的諸葛亮和魯肅，《小放牛》中的牧童和村姑等，或坐或站在「抬閣」（雕有花紋的長方形木架，有時多達十多架）上面，由四名壯漢抬著遊行。市民燃放鞭炮，奔走相看，直到深夜才散。[264]

　　　　（景德鎮）初七以後，花燈上街。名目有龍燈、旱船、走馬、打獅子、打蚌殼，每天晚上有十幾或幾十伙。街上摩肩擦背，人山人海，鑼鼓、嗩吶、鞭炮聲不絕於耳。店鋪爭相放鞭炮，每放一陣鞭炮，龍燈便滾了起來。龍燈過後，便打獅子，唱趕船。從初七到元宵，街上鞭炮屑堆積如山。[265]

263　光緒《上猶縣志》卷二《輿地志·風俗》。

264　《靖安縣志》卷三十二《風俗、宗教》第一章《風俗習慣》第五節，游藝習俗，江西人民出版社一九八九年版。

265　王云翔：《春節話舊》，《景德鎮文史資料》第八輯，第152頁。

（樂平）人日，俗謂之「上七日」，徹「元旦」所設香案。七日內不出灰糞，至是日始掃除。八日之夜，女子邀天仙或廁姑問一歲吉凶。[266]

（分宜）元日拜天神、拜祖，合族拜年，自元日至八日，謂之「新年八朝」。同治《分宜縣志》卷一《地理·風俗》。夏曆新年，鄉村各有神會。「元旦」上午，舁神出行，鼓吹導引，游行各鄉村，謂之「繞團」，戶戶具供香爆。[267]

（靖安）初五以後，里人各奉土神遍巡坊市，以童稚裝點故事導於前。及暮，燈火通衢，管弦徹夜。[268]

在萍鄉地區，過去還存在一種較為奇特的風俗，人們採用扮演土地神的方式到某一家尤其是「請生客」家（或者辦壽之家）為之慶賀而獲得主人家免費酒肉招待。

陰歷歲首拜年之事，大約各地皆同。然萍邑風俗，除拜年外，更有所謂贊土地者。如某家接得新客（婿初到岳家，謂之接新客），某人適逢壽旦，固無論矣。即無此二項事故，苟小康之家，平日稍喜玩笑者，即以贊土地為無謂之慶賀。其手續必先日具帖報告當事者，謂「來晚土地恭賀新

266 同治《樂平縣志》卷一《地理志·風俗》。
267 民國《分宜縣志》卷十四《風俗·生活習慣》。
268 同治《靖安縣志》卷一《地理志·風俗》，同治九年刊本。

禧」（於新客則稱恭賀新客，於壽旦則稱慶祝千秋）云云。
至次日黃昏後，鑼鼓喧騰，爆竹聲聲，以一人假裝線鬍鬚，
翻穿皮馬掛，左手持杖，右手執扇，搖頭擺尾，自贊曰：
「土地神，土地神，土地原來天上人」，以及種種慶祝之
語，不勝枚舉。贊畢，然後酒肉征逐，興盡而後返也。[269]

舊時南昌等地民眾遇有閏正月，在當月中也會舉行一系列的
「迎閏」娛樂和祈願活動，其中由小孩扮演傳奇戲，並隨行以鑼
鼓、彩旗開道，出行城鄉的活動較為流行。

（南昌）閏歲正月，扮童男為傳奇戲，舁行鄉村，前列
旗蓋，從以金鼓，謂「迎閏」，觀者數萬人。敷林、上諶
店，二十三、二十五、二十八三日尤甚。[270]

（進賢）閏歲正月，扮童女為傳奇戲，名「台閣」，舁
行城鄉；又多扮鐵拐李，持酒葫蘆，遇人輒飲之，前列旗
蓋，從金鼓，謂之「迎閏」。[271]

在上饒等地，正月初三以後，畲民開始去親戚家向長輩拜
年。禮品以麻餈果為主，外加少許糕點和一包黃煙。有謠云：

269 胡朴安：《中華全國風俗志》下編，《江西·萍鄉歲時之風俗·年節之風俗》，河北人民出版社一九八八年版，第 295-296 頁。
270 民國《南昌縣志》卷五六《風土志》。
271 光緒《進賢縣志》卷二《輿地·風俗》。

「一包果子一包煙，一嬉嬉到元宵邊」。每年農曆正月初十為畬民祭祖日期。屆時祖廳上首掛滿歷代祖先畫像，像前放香案，燒香明燭，陳列肉、雞、飯等供品，另備淨水六碗。祭祀者跪於案前，向祖先一一奏告子孫的名字，宣誦祖先遺訓，謂之「奏名傳訓」。[272]

花燈—踩高蹺新中國成立後，春節一般放假三天，已成為國家的法定節日之一。節日習俗活動有所革新，人們一般在初一早晨開門時燃放一串稱為「開門紅」的鞭炮，民間「出行」活動很多地方已廢，祭神、拜年活動得到延承，但有所簡化，人們拜年多是握手形式，互祝「新年好」，向長輩拜年時不再下跪。各機關會舉行春節「團拜」活動，並開展擁軍優屬活動及各種文體活動，由機關幹部職工給軍烈屬、敬老院及離退休老幹部拜年。

4. 元宵。正月十五日俗稱「上元節」、「正月半」、「燈節」、「元宵節」。「元宵似大年」，是春節活動的最高潮，也是春節活動的結束。舊時這天晚上，家家戶戶燈火徹夜通明，民間有「三十晚上的火（旺火），十五晚上的燈」之說，廳堂、臥房、廚房、谷倉、牛欄、豬、羊圈、花果樹旁，甚至廁所都要點上燈火，通宵不滅，謂之「照蟻蟲老鼠虛耗」。舊時，從正月十三日開始，富裕人家就開始點燭（俗稱「發燭」），直到十五日夜，燈火不斷。

272 《贛州地區志》第四篇《人口、民族、人民生活》第三章《民族》第二節，少數民族・畬族。

　　元宵這天，無論是城市居民還是農村住戶人家，都喜歡吃「元宵」（湯圓），象徵全家團圓、幸福（有的地方如鄱陽等地也有吃甘蔗、餃子的習俗）。各地城鄉民眾在當晚大都會鬧花燈（瑞昌等地還會舉行「猜燈謎」活動），俗稱「鬧元宵」。人們舞龍燈、耍獅子、搖采蓮船、耍蚌殼舞、挑花籃燈、演戲唱歌等等，大鬧花燈，到處爆竹轟鳴，鼓樂喧天，歡聲笑語，十分熱鬧，燈會直到半夜才散，有的甚至通宵達旦。許多表演會走街串戶，接受龍燈表演的人家，要給賞錢或香煙、果點。

　　舊時江西各地元宵節的花燈各式各樣，有龍燈、板凳燈、關公燈、採蓮燈、鰲山燈、蛤蚌燈、車燈、船燈、採茶燈、馬燈、橋燈等。如在南昌，有舉板凳燈之俗，人們將二三只內燃蠟燭的燈籠綁在一塊木板（或板凳）上，再把板連接在一起，每一木板由一人舉著，首尾兩端加紙紮的形似龍頭龍尾的燈籠，參與游行起舞。它最長由一千多條板凳組成，有一千多號人，起舞時整齊統一，十分壯觀；灣里區太平鄉的關公燈，由一百條節毛竹組成，每節毛竹上插有小山竹製成的各式燈籠，十分好看。

　　南昌市進賢縣西湖李村板燈龍崇仁縣航埠、沙堤、六家橋、河上、東來、三山等鄉，一些大族村落也存在「舉條燈」習俗，人們用一條長約五尺的木板，兩端挖孔，板上綴四到六個方（圓）形燈籠，內燃蠟燭，每人肩負一條，用木棒把兩條板燈的孔洞互相連結，首尾另加紙紮的形似龍頭龍尾的燈籠，像一條紅色透明的長龍。長的條燈達數百米，約有四五百條板燈，晚上行進在田墩上，蜿蜒曲折，伴以鼓樂齊鳴，鞭爆喧天，有如金龍出岫，蔚為壯觀。農村每年出燈，頗為隆重，爭先恐後，戒律甚多，當晚

齊備酒餚，宴請前來觀燈的親友。

在龍南、尋烏等縣，人們盛舞香火龍，即在用稻草紮成的每節龍身上插滿燃著的線香，配上鼓樂，挨戶舞龍朝拜，各家各戶紛紛取下原插的香，換上新燃的香，以求吉利。在南康、大餘諸縣還有舞「青菜龍」的習俗，即在大菜（芥菜）芯中插上香火，在野外狂舞，意在去災免禍，祈求人畜平安、五谷豐登。在瑞金、興國等縣，當晚舉行「燒花」表演，龍燈隊隊員頭戴箬笠，赤身魚貫穿行於高台之上，頃刻間鞭炮炸響，焰火四濺，極其緊張熱烈。在崇義縣城，會舉行「九獅聚會」、「扮故事」游戲等。

> （瑞昌）元宵，鄉市皆賞燈、「祀灶」。「上元節」，居民藉花燈慶賀，士多暗寓古人名紮彩，或隱按書句，或作詩謎，謂之「打燈」，猜中者聲以爆竹，贈以筆墨，雖智巧相角，亦足見時際承平，游戲中有詩書氣。[273]
>
> （武寧）上元，剖竹竿為燈送祖墓，沿山遍野煌煌如星暉日燦，林麓洞然。房屋、倉廚及園圃、圈廁莫不張燈，謂之「照蟻蟲虛耗」。又取女貞葉燒爐中，作？？爆聲以殄蟲蛋。[274]
>
> （星子）上元，戶製米丸相餉，曰「元宵」。半月內舉燈，象龍、象、獅、馬，村市遍至，觀者擁聚。[275]

---

273 同治《瑞昌縣志》卷一《地理志·風俗》。
274 同治《武寧縣志》卷八《風俗》。
275 同治《星子縣志》一卷《疆域志·風俗》。

（上饒）上元，以粉團相餉，謂之「元宵圓」。衢市張燈，喧闐達曙。[276]

（玉山）元宵，衢市張燈，喧闐達曙，謂之「上元燈」。[277]

（鉛山）初六、七日後，城鄉各處為慶賀元宵。有龍燈、馬燈、雙龍燈，償彩鏤金，頗極華麗，觀者如堵牆。至巨室大家，輒進去幡繞片時，贈送與否，聽從主便。紫溪一帶，又有橋燈。以板為底，其上劈竹為纓，紮成龍首、龍尾，剪彩箋為鱗攢貼之，中間雜以亭台、人物、花鳥等類，各家分制，爭奇競巧，聯綴而成全龍，形似長橋，故名。河口鎮更有採茶燈，以秀麗童男女扮成戲出，飾以豔服，唱「採茶歌」，亦足娛耳悅目。[278]

（廣豐）元宵張燈，以米粉為丸相餉，謂之「上元圓」。縉紳家陳簫鼓，舉觴高會。市井攜花火賽放通衢，至二十日始撤而火之，謂「懺燈」。[279]

（橫峰）上元張燈，鼓樂導游，城市放焰火、花炮，凡四五夜乃罷。[280]

（德興）元宵，夜不設禁，通衢張燈，鼓樂鋪飲，有費數白金者。[281]

---

276 同治《上饒縣志》卷十《風俗》。
277 同治《玉山縣志》卷一下《地理志・風俗》。
278 同治《鉛山縣志》卷五《地理志・風俗》。
279 同治《廣豐縣志》卷一之八《地理志下・風俗》。
280 同治《興安縣志》卷四《地理志・風俗》。
281 道光《德興縣志》卷三《風俗志》，道光三年刊本。

（浮梁）上元，結彩作鰲山燈，燈火鼓吹游觀。[282]

（樟樹）上元日，為迎神會，鼓樂甚盛。夕，聯紙燈如游龍狀，翔舞街衢間。[283]

（奉新）上元日，家碾米粉為餅，齋戒「祀灶」，夜則張燈於通衢，金鼓之聲夜半始散。自十二日至十七日乃止。事畢，復設鼓樂送於郊外。[284]

（靖安）十二日，各廟起鰲山，鄉落游燭龍於社，聯袂駢肩，士女雲集。「上元」，剪紙帷燈，掛於祖塋，曰「送燈」。宵則舂米溲團，染彩色，盛盂拌以奉祖先，曰「谷堆」，寓百谷豐稔之意。點地燈以「照耗」，合室飲團圓酒。宵深，用酒果、糗餈以迎社，俗以灶神為奏善司命，老婦之祭倍拳拳云。十六日，各燔薪於廳事，祓除不祥，呼為「踏勝」。新春勝景，至是乃始告罷。落燈風過，儺神出市，黃金四目，猶然《周禮》之遺。[285]

（金溪）元宵，懸燈祠堂，先後各一日。好事者或扮人物故事，雜以紙燈，遍行近村，正月盡方罷。[286]

（東鄉）元宵，以粉糍以供祖，懸燈祠堂，先後各一日。好事者或扮龍燈、馬燈、橋燈諸名目，雜以秧歌、采

282 康熙《浮梁縣志》卷一《風俗》。
283 同治《清江縣志》卷二《疆域志下·風俗》，同治九年刻本。
284 同治《奉新縣志》卷一《輿地志·風俗》。
285 同治《靖安縣志》卷一《地理志·風俗》。
286 同治《金溪縣志》卷四《風土》。

茶，遍行近村，索茶果食，正月盡乃罷。[287]

（撫州）元宵，以篷箬結棚，通衢作燈市，游人往來達曙。燈有鰲山、繡球、走馬、窠菜等名，皆刻飾楮帛，或琉璃、魚魷、竹絲、菩提葉等為之。四周懸帶，尤極精麗。往時有張一燈費一金者。南豐縣裝成大架肩輿而迎之，費尤甚。故家子弟稍知書者，作燈謎，猜破多者為奇勝。沿街煙火燎明。有作架者，植巨木，懸十餘層，設機，火至藥發，光怪百出，若龍蛇飛走，簾幕星斗，人物花果之類，璨然若神。[288]

（南城）上元節，自十三日至十六日。神廟、市肆皆張燈放花爆，燈極精巧，裝捏人物皆有機以運之。又裝龍燈、馬燈、獅子燈、花鼓燈，金鼓踏歌，比戶演玩，謂之「鬧元宵」。[289]

（黎川）元宵，自十三日至十六日，人家張燈者鮮，唯城市、鄉村有跳龍燈、跳獅子燈、馬燈者。踏歌金鼓，浪沸喧天，謂之「鬧元宵」。皆游閒子弟為之，常旬有餘日而後已。上巳，學人間有出游者。[290]

（遂川）元宵，好事者先期選俊童扮雜劇，或龍馬跳舞，燈彩輝煌，官署、民祠遍途，至三更乃罷。鄉俗舊有懸

287　同治《東鄉縣志》卷八《風土志‧風俗》。
288　同治《建昌府志》卷三《風俗‧四時土俗大略》。
289　同治《南城縣志》卷一之四《風俗》。
290　同治《新城縣志》卷一《地理志‧風俗》。

神舟，畫軸輪，家置酒，金鼓徹夕，謂之「接元宵」，後奉官禁，亦未盡除。[291]

（萬安）元旦至望日，謂之元宵。懸所畫神舟，日間祀以牲醴，曰「叩神」。夜間群執歌本曼聲唱之，曰「唱船」；持橈執旗回旋走，曰「劃船」；每次加吉祥語，曰「贊船」；金鼓爆竹之聲不絕於耳，既乃飲而罷。百嘉、窯頭兩市，自十三日起有所謂「裝船」，穿袍靴，戴神頭面游行各廟，劃船三次，極熱鬧；而尤莫盛於城內之兒郎燈，每一神護燈，鼓吹者輒數十人。百嘉則有男船、女船之分，裝女船者不載頭面，扮以雜戲，觀者若狂。東村郭氏於十五夜放花架，其架數層，皆係花本，以藥線灼火引之，自下而上，有門處自開，有燭處自燃，花三珠錯，令人目不給賞。十七都之葉塘、二十四都之金灘亦間有之。少年扮燈者，或擎而為龍，或跨而為馬，每到一村，先至神舟所，曰「參神」。罷之日，繞村一周，然後焚燈卸裝，曰「收攝」。其神舟則於十六日送之，是夜以靜寂為吉兆。十六日，城東伏虎廟以康王神頭而裝戴，坐虎皮橋，以賴爺神頭面裝戴，跨馬，手執弓彈出游；又裝龍船，疾趨前導，經過之處香花滿路，亦曰「收攝」。[292]

（井岡山）上元，城中好事者制一大船燈，彩紙裝飾，

291 同治《龍泉縣志》卷五《政事志・風俗・歲時風習》。
292 同治《萬安縣志》卷一《方輿志・風俗》。

舁游街市，今廢。但各村仍事「上元」神，謂之「神船」。自朔至十六日送神，各家作椒羹，蒸餡果飲食。十六日，各家以牲醴送神江滸，歸家散肉飲餕，仍以送姻戚，名曰「送灶」。**293**

（永新）上元，剪紙為燈懸門外，或持之繞遍村落。日則以酒脯祀先墓，標紙錢於墓首而去。**294**

（安遠）元宵，自十二夜各家張燈，至十六夕止。**295**

（尋烏）上元，十一至十七夜，家門張燈，剪羅彩紙紮為之，仍扮龍獅、故事諸劇，笙笛、鑼鼓喧天震地，看燈者填街塞巷，所謂預祝豐年也，與他邑無異。**296**

（贛縣）正月望夜為元宵。前數日制龍燈，分五節或九節，於晴宵霽月游行街市，人以鞭爆迎之。燈腹炳燭，作游龍舞，鑼鼓聲、喇叭聲、鞭炮聲，洋洋盈耳。農人胼胝，終年只此數日娛樂耳。**297**

（上猶）上元前五六日，鄉里為花燈之戲，鼓樂喧闐，往來戚友家。戲畢，設酒果相勞。十七、八始罷。**298**

（崇義）上元，前後張燈，「元夕」尤甚。剪紙為龍船

293　同治《永寧縣志》卷一《風俗》。
294　同治《永新縣志》卷四《地理志‧風俗》。
295　同治《安遠縣志》卷一之八《地理志‧風俗》。
296　光緒《長寧縣志》三卷《政志‧風俗》。
297　同治《贛縣志》卷八《地理志‧風俗》。
298　光緒《上猶縣志》卷二《輿地志‧風俗》。

送至水濱，先於陸路和唱棹歌以禳災，鄉市皆然。²⁹⁹

除鬧花燈外，有的地方如峽江、都昌、分宜、南豐、南康等鄉村還會舉行游神逐瘟、驅疫、禳災儀式活動，以保來年平安幸福。此活動大都以宗族為單位，進行挨家挨戶串門驅疫活動，有時會涉及其他村落同宗人群，活動中有一定的次序、儀式規定，如果沒遵守則會引發爭端甚至訴訟。有的地方還要放「焰火」。在廣大農村，人們也有在這天去祖墳掃墓點燈燃燭的習俗。

（峽江）元宵，張花燈，有儺。³⁰⁰

（南豐）元宵，造元宵燈，剪諸色楮為鰲山、繡球、走馬燈，四圍拖帶，又以牛膏燃燭，著柳枝，名曰「火樹」。剪彩扮故事，謂之「迎燈」。³⁰¹

（南康）上元前數日，懸燈為樂，或用竹絲織為龍，分五節，曰「龍燈」，張以為戲。又，劈竹為船，糊以五彩，內設儀仗甚整，男婦望輒羅拜，尊之曰「大神」。至「上元」後一日向午，一人提劍，數人鳴金隨之，跟蹌叱吒，如有所追逐者，沿門收取春帖、香梗、燭爐之屬委其船，鼓吹送野焚之，曰「禳災」。「上元日」，用巨木樹根為秋千架，二人

299 光緒《崇義縣志》卷三《風俗》。
300 同治《峽江縣志》卷一下《地理志‧風俗》。
301 民國《南豐縣志》卷一《疆域志上‧風俗》。

登架踏之，漸踏漸高，勢入雲霄，士女聚觀，舉國若狂。是夕，三五為群，竊摘園蔬中之芥、白菜類，中插以燭，沿街擎照，謂之「拉青」。[302]

（都昌）上元，堂室、廚、廁俱張燈（謂之「試燈」），遍送燈燭於附近里內新舊塋墓（謂之「散燈」），又或點燈釜中（謂「照虛耗」）。夜分，合族丁壯，鳴鑼擊鼓、放爆，挨家循行（謂之「逐疫」），亦古儺遺意。然鄉村比鄰錯處，舉此者，行止各有後先，各有處所，違則輒起爭端，並有因此而致興訟者。[303]

（分宜）元宵合饗，謂之「燒門神紙」。 同治《分宜縣志》卷一《地理·風俗》。上元張燈，自十三日至元宵日，城市向分五保，各保有龍獅魚鳳花燈，鉦鍠導引，游行街衢，及政府機關慶賀新年，迎以喜爆，聲喧隆隆，煙霧紗紗，非常熱鬧，街市亦如之。唯鄉村則入祠及家，與以錢包，謂之「代蠟」，俗云「鬧元宵」。又有鄉境不涓吉者，按戶排二三人出燈，大鑼大鼓游行十里外，以逐瘟疫，謂之「太平燈」。若逢歲旱亦有出稈龍燈，以祈雨者。「元宵」夜，婦人入田中摘芸豆芯與豆芽，大小合食，名曰「炒青」，此家鄉之風味。又於窗戶暗室均點蠟燭，名曰「照虛耗」。是日，燒門上花錢紙送天神。諺云：「燒了門錢紙，

302　同治《南康縣志》卷一《風俗》。
303　同治《都昌縣志》卷一《封域志·風俗》。

男謀事業女鑽鞋底。」³⁰⁴

在過去，如南昌、瑞金、南康等地還有婦女「摸青」、「偷青」之俗。天黑後，各自出去或幾個結伙一起去附近菜園，不問園主，隨手扯掐幾把蒜苗或香菜之類的青菜，拿回家煮茶或煮湯喝，南康縣則在菜中插以燭，沿街擎照，以圖清吉和吉祥，特別是未生男孩的人家，認為「偷青」之後可以生兒子。這種行為一般不會被責罵，也有的地方認為挨罵後可以免除一年災禍。在宜春一些地方，遇有未生子之家，族鄰於這天送菜園門到其家房內燒掉，以祈祝能生子。

> （南昌）元夕張燈，日晡送墓燈，門、路、井、灶旁皆設燭。鄉間多崇板燈。其制，設龍頭、龍尾貫以板，板上置燈數籠，節節相承，長者數十板共成一燈。好事者夜竊園門，鼓吹詣富家送喜；少婦於人靜後相與拔鄰舍菜，以襟裹歸，名「摸青」，皆主生子。³⁰⁵

> （宜春）上元，自十三日至十六日，家廟市肆皆張燈，有扮燈鼓吹入人家者，必有採，謂之「代蠟」。夜靜，女婦燃燭鍋內，迎廁姑神問生育及休咎，頗驗。有未得子之家，

---

304 民國《分宜縣志》卷十四《風俗‧生活習慣》。
305 民國《南昌縣志》卷五十六《風土志》。

族鄰送菜園門於房內燒之，主家留飯，生子日致謝。[306]

另外，在一些地方（如樂平、萍鄉、宜春、高安、上高、崇仁等地），農家婦女在十五日晚上常於灶前迎筲箕神（或稱紫姑神、廁姑神等），並向神占卜生育和休咎情況。在新餘鄉間，元宵夜各家鍋內點燃「三花燈」，謂之「給灶神做生日」，同時，燃支蠟燭放在樓上，俗稱「照寒毛老鼠」，口裡念：「寒毛老鼠照出洞，尖嘴老鼠照上山，金銀財寶滾進間。」

（樂平）十三夜，四衢張燈；又作竹馬、紙龍、花缽之燈，鉦鐄導引，過門時響爆竹接之；戚屬則結彩賞燈，至十八日乃止，謂之「元宵節」。十四日，夜以秫粉作團，如豆大，謂之「燈圓」，享祖先畢，少長食之，取團圓意。十五夜，閨房別室皆燃燈燭，謂「照虛耗」。夜靜時，婦女於灶前迎筲箕神，問生育，卜休咎。[307]

（萍鄉）上元張燈，自十三日起，至十六日止。為竹馬、龍燈，鉦鐄導引入人家，與以錢，謂之「代蠟」。至元宵，暗室皆燃燈，謂之「照虛耗」。夜靜，婦女於灶前迎筲箕神，問生育及休咎。[308]

---

306 乾隆《袁州府志》卷十二《風俗》。

307 同治《樂平縣志》卷一《地理志‧風俗》。

308 同治《萍鄉縣志》卷一《地理志‧風俗》。

（高安）燈節，自十一至十五日止，張燈門屏，街市侑以簫鼓，小兒則擎蓮花、魚龍諸樣燈游戲。神廟裝樓台、鰲山，或放花爆，制煙火，競賞玩焉。市間夜出燈謎，中者酬以紙筆。漏盡，以鏡聽占休咎，曰「響卜」。上元後，各鄉塾延師以課子弟，城中社學則官府董之。[309]

（上高）元夕，家戶張燈，覓巧匠，用火藥、剪彩紙製造煙火藏故事，每月一層，閏月加之，從下焚上，旋轉光明可愛。各祠廟有演戲者，有造鰲山燈者。民間占箕卜年，以決休咎。上元後，鄉塾延師以課子弟，城中社學則官府董之。[310]

（崇仁）元夕，各於內外門首張燈，好事者復為火龍、鰲山、鳳鶴、滾球諸燈，佐以鼓樂，沿街游行，競賽爆竹。新娶婦人家，鄰戚送紅燭並雞鴨蛋，曰「送喜」。夜深，婦女以茶果、香燭供紫姑神，問家常瑣細事。[311]

（餘干）十二日，各神廟結彩張燈，謂「燈上架」，有鰲山燈，有台燈。鰲山燈，糊以紙，中周一輪，燻以火，四周以絲係人物，手足自動；台燈少異。城鄉中鼓樂揚燈，花樣不同，各有饋遺，謂「賞燈」。十三日為頭燈，十六日為殘燈。「元夕」，有喜以鏡聽者，謂「問響卜」。[312]

309　同治《瑞州府志》卷二《地理志二‧風俗》。
310　同治《上高縣志》卷四《風俗》。
311　道光《崇仁縣志》卷二《疆域志‧風俗》。
312　同治《餘干縣志》卷二《輿地志二‧風俗》。

（宜豐）上元燈節，自十一日至十五止。各宗祠結彩懸燈，多者至千餘盞，形狀不一，或縛竹枝為燈棚，或結球陳設門屏間，侑以簫鼓。兒童雜用鼓刀、蓮花、魚龍諸樣游戲街衢。神廟則裝樓台、人物為鰲山，競相誇耀。元夕，市間請文人出經史燈謎，或古人名字懸之燈上，俾游觀者射之，中者酬以紙筆，謂之「燈謎」。漏盡，以鏡聽占休咎，曰「響卜」。上元後，各廟用鼓樂、旗牌，舁太保神出巡方。迎神之家具香燭、三牲、酒果以俟，酬拜畢以爆竹送之出門。[313]

此外，還有一些僅是在一個或數個村落之間流行的較小範圍的地方習俗，如安義縣石鼻鎮赤崗村的塝背村落和燕坊村的安家村落，每年正月十五日晚上還會舉行「火燈會」，延承至今。當日下午，人們開始在村坪燃燒一堆大火，柴火中央放著九到十一塊青磚，一直燃燒到晚上零時。進入零時，村民來到火堆旁，由提前做好准備的表演者打赤腳在被柴火燒得鮮紅的「火磚」（青磚）上歡呼雀躍，這時全村鳴爆竹、敲鑼打鼓，人們齊喊「風調雨順、國泰民安」，然後互致恭賀，歷時一小時完畢，亦稱「踩火磚」。[314]

---

313 民國《鹽乘》卷六《禮俗志·風俗》。

314 《安義縣志 1986-2000》第三十篇《附錄》第四章《奇聞趣事》，三秦出版社二〇〇七年版。

過完元宵，年就過完了。第二天，各地人們在歡樂的氣氛中開始拆除如供桌等一切新年擺設，將燈收起來，舉行送神活動，除茶燈外其他一概燒掉，來年新紮，稱為「燒花架」，或曰「謝燈」，並燒掉大門框前貼的「進錢」，新春活動也就告一段落了。民間有「吃了元宵酒，各事都動手」、「火燒門前紙，各人尋生計」等之說，宣示新年的結束。

　　但在實際鬧元宵活動過程中，大部分地區民眾在十五日之前就已開始舉行了，具體時間各地不一，有的在初十日（如九江等地），有的在十三日（如樂平、萍鄉、分宜等地），有的在十一日（如安義、高安等地），有的在十二日（如德安、餘干、靖安、奉新等地），最早的鉛山縣從初六、七日後就開始了，等等。另外，各地鬧元宵活動的結束時間也存在差異，有的在十五日（如南昌、安義、分宜、高安等地），有的在十六日（如萍鄉、宜春、靖安等地），有的在十八日（如樂平等地），有的在二十二日（如德安等地），有的則要到月底（如吉安等地），等等。

　　　（新建）上元張燈，家設酒茗，競絲竹管弦，極永夜之樂，明末為鼎盛，鼎革後遂絕響矣。鄉俗，是日掃墓，插竹為燈；省俗則於此夕前後修塋致祭焉。[315]
　　　（安義）上元，近城內外，燈火輝煌，笙歌嘹嚦，起十

315　同治《新建縣志》卷十五《邑肇志·風俗》。

一，終十五。煙火、鰲山、龍燈、鶴焰，所在皆有，禳災船最為巨觀。其制，以竹編成巨筏，糊以紅紗，上置小紗籠千百，艙中為三閭大夫像，侍從、舟子悉具。數十人舁之，游行街市，鼓樂喧填（闐），和以俚歌。朱玉超作《竹枝詞》紀（記）其事，咸豐六年兵燹後遂廢。元宵前數日，比戶具酒饌祭墓，每墓然（燃）燭一，謂之「送燈」。近西山一帶，則用竹稍（梢）長三尺，破開尺許編燈，燃燭插墓前。自遠望之，高下爛如星點，疏林中若隱若現，亦奇觀也。[316]

（進賢）元夕，鄉間設板燈。其制，象龍頭、龍尾貫於板，板置燈數籠，節節相承，共成一板。[317]

（九江）元宵，自初十日始，裝演戲具（劇），張燈鼓樂，十六、七日尚間有之。[318]

（德安）「元宵」，自十二日至二十二日止，鄉市皆扮戲裝燈。十二日、十五日、十六日，戶皆祀灶。[319]

在吉安等地，古時將正月十六到二月初一稱為「下元宵」，人們在這些日子裡會繼續舉行「元宵」期間的一些活動儀式，稱為「鬧下元宵」。鄉村多有賽神會宴，裡人用彩色畫紙船，請道士晝夜唱禳災納福之詞。日午，抬著福主、財神菩薩，舉著彩

316　同治《安義縣志》卷一《地理志‧風俗》。
317　光緒《進賢縣志》卷二《輿地‧風俗》。
318　乾隆《德化縣志》卷三《方輿志‧風俗》。
319　同治《德安縣志》第三卷《地理志‧風俗》。

旗，敲鑼打鼓，走村游街；晚上，點鰲魚燈，至月終才結束。此
俗在明朝正德年間已廢除。

（吉安）元宵，城內外張燈作樂，無甚麗巧。十六日
後，賽神會宴，彩色畫紙船，里中人晝夜唱禳災集福之詞。
日午，舁裡神揚旗搥鼓游於街衢。夜則有鰲燈，剪彩鏤刻，
頗工致。燈火燭天，月盡乃止，然有以此爭毆致訟者。明正
德時，王守仁知廬陵，約法盡戢，百姓安堵。[320]

另外，南昌、餘干等地民眾還會根據花燈、路燭的顏色占卜
來年的雨水和農業豐歉情況：

（南昌）鄉間多崇板燈。其制，設龍頭龍尾，貫以板，
板上置燈數籠，節節相承，長者數十板共成一燈。農人每遠
驗燈色以占歲：黃為豐年，白主水，赤主旱。占路燭亦如
之。路燭者，插燭沿村外田路，或三數里，或一二里，光如
聚星以祈年。[321]

（進賢）元夕，鄉間設板燈。其制，像龍頭、龍尾貫於
板，板置燈數籠，節節相承，共成一板。農人驗燈色以占

---

320 民國《廬陵縣志》卷四《疆域志·風俗》。
321 民國《南昌縣志》卷五十六《風土志》。

歲。[322]

（餘干）（正月）十三日謂頭燈，十六日為殘燈。農人每以頭燈主早禾，殘燈主晚禾，驗晴雨以卜歲之豐歉。「元夕」，有喜以鏡聽者，謂「問響卜」。[323]

(二)「花朝」節

相傳為「百花生日」，取百花盛開之意而得名。各地節日時間不一，多數地方為農曆二月十二日，有的地方為農曆二月十四、十五、十八、二十日的。也有的地方將二月十二日稱為「頭花朝」，十五日稱為「二花朝」，十八日稱為「三花朝」。

舊時，各家做花朝粢（米果），焚香敬花神；婦女不動針線、不掃地、不擔水、不出戶外活動，以免傷花神；文人多於這天聚會飲酒、吟詩、踏青；花農在這天要在各種花樹上黏貼紅紙，稱為「賞紅」，或者把三角小旗插在花盆中，甚至圍上彩布，意為給花祝壽。

（南昌）二月菜花開，田間擊鼓，夜張燈賽神，曰「菜花燈」，亦曰「花朝燈」。[324]

322 光緒《進賢縣志》卷二《輿地‧風俗》。

323 同治《餘干縣志》卷二《輿地志二‧風俗》。

324 同治《南昌府志》卷八《風俗》，同治十二年刊本。

（都昌）「花朝」，郊游踏青之戲頗少。[325]

（上高）二月望日，號「花朝」，文士相約踏青，賦詩飲酒，盡歡而散。[326]

在南昌等地，幼女在花朝節這天進行穿耳；農民於田間擊鼓，晚上舉行張燈賽神活動。在宜春等地，有患水痘、天花病已愈的人家，是日用紙紮旱龍船送入河中謝神，俗稱送「花娘娘」；學徒向師長送禮品，並設酒宴請。而在萬安縣，則有祭祀龍舟習俗；在崇仁縣，富裕之宗祠常會殺牲祭祀祖先、神靈。

（高安）二月十五日，採百花，酣飲賦詩，各學徒爭飲師長，謂之「花朝酒」。[327]

（宜豐）（二月）十五日，「花朝」。各學堂採百花酣飲，謂之「賞花」。學徒各具儀物，以禮其師。[328]

（崇仁）「花朝」，祠廟產厚者於是日宰牲致祀，無公費者不舉。[329]

（萬安）「花朝節」，間有祀神舟者，亦如元宵。[330]

325 同治《都昌縣志》卷一《封域志‧風俗》。
326 同治《上高縣志》卷四《風俗》。
327 同治《瑞州府志》卷二《地理志二‧風俗》。
328 民國《鹽乘》卷六《禮俗志‧風俗》。
329 道光《崇仁縣志》卷二《疆域志‧風俗》。
330 同治《萬安縣志》卷一《方輿志‧風俗》。

由於正是春光明媚、百花盛開之時，許多地區的人們認為花朝日為吉日，多於這天舉行婚嫁；也有的在這天栽樹，說是容易成活。

（九江）「花朝」，人多行婚禮。[331]

（湖口）「花朝」，士女郊游踏青，插柳為飾，男女蓄髮冠笄，亦以是日行婚禮。[332]

（廣昌）「花朝」，人間多行婚禮。[333]

（資溪）「花朝」，人家多行婚禮，仿古仲春合男女冰泮之意也。[334]

（於都）「花朝」，貧不能為酒食召鄉黨、僚友者，於是日草次成婚。[335]

（三）端午節

為農曆五月初五日，也俗稱為「端陽節」、「菖節」、「夏節」、「龍舟節」、「天中節」等，共有二十來種稱呼，為中國節日別名之最。「端午」一詞最早見於西晉人周處《風土記》：「仲夏端午，烹鶩角黍」。據史籍記載，端午節本來是夏季的一個驅

---

331 康熙《九江府志》卷二《風俗‧祭》。
332 康熙《湖口縣志》卷一《風俗》。
333 同治《廣昌縣志》卷一《風俗志》。
334 乾隆《瀘溪縣志》卷一《封域志‧風俗》。
335 同治《雩都縣志》卷五《風俗‧民禮附》。

除瘟疫的節日，後來楚國詩人屈原於端午節投江自盡，就變成為紀念屈原的節日。江西地區多數把這一天稱為「過節」，有「小孩喜歡過年（春節），大人喜歡過節（端午節）」的說法，是民間最隆重的三大傳統節日之一。

舊時過端午節，活動頗多。五月江西地區濕毒較重，過去民間傳說本月瘟疫滋生，是惡月，尤其五月五日為最不利日子，於是在這天，家家戶戶以菖蒲、艾葉插於大門左右，象徵為「蒲劍艾虎」，用意除妖避邪；在午時左右，以朱砂畫黃紙符貼於門戶；以雄黃酒灑於房屋四周牆角，以防蛇蠍，有「蛇見雄黃即逃」之說；或在室內室外灑石灰，以免除疾病、驅蟲蟻。很多地方，大人、小孩是日都用艾蒿、菖蒲、柚葉、魚腥草、丁公藤等多味草藥熬的湯沐浴，並在肚臍、胸頸、額頭、背肩上塗擦雄黃酒，以求全年免生痱子瘡毒。小孩繫五彩線，頸上佩掛繡制精美的香袋和紅蛋絡，婦女手足趾染金銀花，意為禳毒避邪。許多山區農家這天上午採擷各種草藥，曬成「午時茶」，用於暑天清涼解熱，認為這天採的草藥治病效果更好。各城鄉人們也會請巫、道士做醮事，並在城隍廟等各廟宇演戲酬神，做紙船焚之，祈求送瘟迎福，安義縣這一活動一直會延續到六月中旬。

當日，城鄉人家都包粽子，做包子，炸油圓，蒸發糕，煮雞蛋、大蒜等，人們早餐多飲雄黃酒，食粽子、包子、雞蛋、蒜子、烏豆子。吃粽子的來歷有許多傳說，流傳最多而人們又樂於接受的是關於祭悼屈原的傳說。中午則擺酒設宴，稱「過午」。

節日裡，親戚朋友要互送粽子、醃蛋、包子、麵條等食物，稱為「送節」，尤其是訂了婚的男方，要給女方送禮品、錢物

等。是日農村都休息，有「牛歇穀雨馬歇社，人歇端午不要哇（說）」之說。年輕婦女梳妝打扮，回娘家或親友家「走節」。

（安遠）端陽日，各家插艾，飲蒲酒，裹米為粽以相饋送。[336]

（尋烏）端午，包箬粽，插艾蒲，酌雄黃酒，浴百草湯，親朋饋贈，無異他俗。[337]

（永新）端午，食角黍，薦蒲酒，懸艾於門，採藥。以雄黃酒遍灑堂室，曰辟毒。親戚交饋遺。[338]

（奉新）「端午」，比戶插蒲艾於門，餉角黍相餉。晨起，飲雄黃酒，曰「開聾」。土人繪造龍舟，豎旗幟，鳴金鼓，為競渡之戲，自二十八日至「午日」止。婦人雜彩組作香囊，兒童背腕多係「長命縷」，面塗雄黃，用以辟邪。[339]

另外，端午期間，靠近河流的村鎮，還進行龍舟競賽，俗稱「劃龍船」，縣城更為隆重。在鄉村，龍船基本上是以宗族、村落為單位，較大的宗族、村落之間便可能出現多只龍船，而較小的族群、村落則可能由幾個村落聯合組成一只龍船；在城鎮，則主要是以街坊為單位。在此過程中，由於帶有競爭性質，於是龍

336　同治《安遠縣志》卷一之八《地理志·風俗》。
337　光緒《長寧縣志》三卷《政志·風俗》。
338　同治《永新縣志》卷四《地理志·風俗》。
　339　同治《奉新縣志》卷一《輿地志·風俗》。

船之間往往會發生爭鬥，有時甚至引發宗族、村落之間的大規模械鬥（如南昌縣，後來只好改為旱龍船），成為地方社會一大較嚴重事件，以至於有些地方官府不得不勒碑下令禁止或改變形式（如南昌、上高縣），但依然難以阻止。

（南昌）鬥龍舟，奪標演劇。（先是各洲皆有船，遇必鬥，鬥不勝則載石以擊，俗最惡。後易為旱船，日昇諸街，其所經，婦女多裹鹽米投火以厭之。船行神從，兩神相遇輒讓，後則各廟互相酬拜。好事者更創為看親結親之說，費用不可記極矣。）五日，以雄黃塗兒額及兩耳，辟蟲捉；小兒爆火，無腹疾。[340]

（上高）端午日，民間門戶插艾，解粽，飲雄黃酒。龍舟競渡，今奉部文勒碑禁止，豎立縣前及河南橋首二處。[341]

（湖口）五日，門懸蒲艾，婦稚亦簪艾，飲雄黃酒，啖角黍、雞鴨卵。婚姻家相饋遺，村民採百藥貯之。初，競龍舟於江中，後屢禁止，然猶有以小舟相角逐者。十八日為干船五，巨制龍文，裝戲游市中，備極巧麗。十七日及是日先後送北門外焚之，所過家投以五穀、鹽菜，曰「收瘟」。歷任知縣禁止，不久即復，俗之難轉如此。[342]

340 同治《南昌縣志》卷一《輿地志・風俗》。
341 同治《上高縣志》卷四《風俗》。
342 嘉慶《湖口縣志》卷十八《歲時民俗》。

在過去時期，龍船下水前，會到龍王廟等地舉行開壇祭祀儀式。一般五月初一正式下水開划，初二休息，初三到初五為競渡盛期，鑼鼓聲十里相聞。豐城縣有「初一划，初二歇，初三初四划到節」的民謠。也有一些地方如奉新等縣從四月底就開始了划龍船活動。萍鄉民眾還有換新衣觀看龍舟比賽的習慣。

　　（新建）五日早，設開罈酒，具角黍，門懸蒲艾。舟人競渡為戲。旗幡金鼓，波湧游龍，五色繽紛，江天勝概。[343]

　　（安義）端午，饋角黍，塗雄黃，泛菖蒲，懸艾葉；競龍舟，奇錦標，始於初一，終於初五。各村鎮演戲，而城隍祠為盛，每以五月初起，六月中止，唯黃洲市以十三日當墟，遠近雲集交易。[344]

　　（樂平）端午，以蒲艾插戶。婦人雜彩組作香囊，或結彩勝佩之。兒童臂腕係長命縷，面塗雄黃以辟邪。晨起飲菖蒲、雄黃酒以治聾，餘酒遍灑堂室以禳毒。作角黍祀祖先，咸友相饋。近水居民繪造龍舟，豎旗幟，鳴金鼓，為競渡之戲。[345]

　　（萍鄉）端午節，以葛艾、菖蒲懸門首，啖角黍，飲雄黃酒，近水居民為龍舟競渡之戲，來往上下，爭先奪標競

343　同治《新建縣志》卷十五《邑肇志・風俗》。
344　同治《安義縣志》卷一《地理志・風俗》。
345　同治《樂平縣志》卷一《地理志・風俗》。

勝。以艾瀝雄黃水灑地辟毒，以雄黃塗兒額及兩耳辟蟲。小兒燒艾火免腹疾，並以艾蒲燒熱水澡浴。[346]午後長幼男女，咸著新衣，紛紛去觀龍船。蓋午飯後賽船之人咸集龍王廟，焚香燃燭，祭禱龍王後，披紅巾於龍王首上，然後將龍首龍尾迎下小舟，龍首置於船鎰（鷁），龍尾置於船末。水手數十人，潑（撥）漿前進，船末掌舵一人，船首一人持小紅旗二面。當二船比賽時，鑼鼓大作，船首執旗者，大喊助威，發聲極怪，舞旗不已。及至勝負即分，兩岸觀者亦大聲歡呼。賽勝者上岸飲酒，飲畢復作二次之比賽，直至金烏西墜，盡歡而散。[347]

（分宜）端午節，家家戶戶晨插蘄艾菖蒲於門首，啖角黍，飲雄黃燒酒。俗云：「五月五日午，天師騎艾虎，蒲劍斬妖邪，蟲蟻歸地府。」用紅簽寫貼於壁，似斜十字形。藥坊製藥糕，名曰「午時茶」，亦有飲解毒茶以防瘡癤者。五月競渡，城市自四月二十八日至「端午日」，龍舟競戲，往來於河道，下繞萬年橋而上，上橫西利濟祠而下，兩兩比賽，沿岸觀者如堵，呼噪震天，河干放爆以助，如同奪標。又演劇於學前坪，以十日為率。[348]

（九江）端午，插蒲艾，啖角黍，飲蒲觴，和以雄黃，

346 民國《昭萍志略》卷十二《風土志・禮俗》。
347 胡樸安《中華全國風俗志》下編《江西・萍鄉歲時之風俗・端午節之風俗》，第 296 頁。
348 民國《分宜縣志》卷十四《風俗・生活習慣》。

剪彩結方勝人物相為傳送。龍舟競渡，或三四日云。[349]

　　（德安）仲夏之月五日，飲蒲酒，門插蒲艾。城市內用繒紙作五色龍舟，執大鼓鼓鉦，沿戶歡呼周遍，鼓吹沸城中，出南門焚之，以宣陰氣，名曰「除疫」。[350]

　　（彭澤）五日，以蒲艾懸門，啖角黍，用雄黃、菖蒲和酒泛飲。縣前大江中龍舟競渡，士民相率往觀，舟行速者觀者賜以彩布。[351]

　　（武寧）「天中節」，市井以紙印龍舟標插門外，餉午迎神，鼓吹沿門收之，送諸水以禳災。夜則沿街歌唱為樂。[352]

　　（星子）端午，家懸蒲艾於門，造龍舟競渡，五日乃已。城市各街巷俱出所祀之神，逐巷祭賽，鳴鉦擊鼓，驅疫迎祥，謂之「起標」。[353]

　　（都昌）五月端午，各懸艾蒲於門，驅逐不祥，囓蒲根調硃沙和酒飲之，以辟邪氣。及午，醼祖，大小交慶，以角黍、面果相饋。造龍舟競鬥，湖中鉦鼓喧譁，市民買舟看賞宴樂，五日乃已。[354]

　　五月五日，門懸蒲艾，婦稚亦簪艾，以蒲根調雄黃酒飲之，並遍灑門戶暨坍桀等處。知醫者採百藥儲以待用，亦有

349　乾隆《德化縣志》卷三《方輿志·風俗》。
350　同治《德安縣志》第三卷《地理志·風俗》。
351　同治《湖口縣志》卷一《地理志·風俗》。
352　同治《武寧縣志》卷八《風俗》。
353　同治《星子縣志》一卷《疆域志·風俗》。
354　康熙《都昌縣志》卷一《封域志·風俗》，康熙三十三年刊本。

造龍舟為競渡者。先期，姻親家以角黍、鹽蛋相饋遺（謂之「送節」）。[355]

（上饒）「端午」，以彘肩、角黍饋遺。掛艾葉，飲蒲酒，佩符囊。戲龍舟於河下，士女縱觀。[356]

（鉛山）端午日，喜競渡。龍舟不華飾，數亦不多，水面梭織如飛，男女觀玩，城樓上下及兩岸駢肩接踵，唱採喧呶，並有小艇笙歌往還助興。[357]

（余干）五月斗龍舟，男婦觀者如堵。先是四月下旬龍舟至，各戚屬均揭竿扣紅布相贈，謂「賞標」。端午日，各家以艾葉、菖蒲插門辟邪，以雄黃塗兒額。[358]

（德興）重五，民間相饋角黍，飲蒲酒，門懸艾虎，繫彩絲於小兒臂。山澗間競渡龍舟。[359]

（高安）端午日，晨興，門戶插艾。啖角黍，屑雄黃、丹砂置酒中飲之，曰「開聾」。劃龍舟競渡，以此日止。[360]

（宜豐）五日端午節，早起懸艾於戶，啖角黍，屑雄黃、丹砂置酒中飲之，謂之「開聾」。小兒群登西門平政橋，觀龍舟競渡。[361]

355 同治《都昌縣志》卷一《封域志‧風俗》。
356 同治《上饒縣志》卷十《風俗》。
357 同治《鉛山縣志》卷五《地理志‧風俗》。
358 同治《余干縣志》卷二《輿地志二‧風俗》。
359 道光《德興縣志》卷三《風俗志》。
360 同治《瑞州府志》卷二《地理志二‧風俗》。
361 民國《鹽乘》卷六《禮俗志‧風俗》。

（撫州）端午，午時，貼門符，縛艾人，啖角黍，浮雄黃、菖蒲酒，小兒繫百索，咸謂能辟邪。用百草水浴，謂不生疥。觀競渡，好事家持酒肉勞之，謂之「賞標」。[362]

（崇仁）端午，門懸蒲艾，親戚以角黍相餉，飲雄黃酒，小兒額上以雄黃塗之「辟惡」。婦女搗鳳仙花染指甲。觀龍舟競渡。[363]

（金溪）端五（午）日，懸菖蒲、艾葉於門，飲菖蒲、雄黃酒，食粽子。近水者亦或競渡，城中則作船形，妝雜戲於上，負之以趣。[364]

（南城）五月五日，以葛艾、菖蒲懸門楣，或以繫小兒背。啖角黍、雞子、蒜頭，飲菖蒲、雄黃酒。小兒以雄黃塗其面，以五彩絲繫其腰，謂之「長命縷」。平貼門符，小兒掛香囊、佩朱符，縛艾為虎。洗百草湯，云不生疥。比戶競買彩絹人物，稱「端午哥」，懸掛廳簷。午宴畢，往觀龍舟，豪華家買舟游江，夜以繼日，與龍舟、燈火輝映。[365]

（黎川）五月五日，以葛艾、菖蒲懸門楣，亦以繫小兒；啖角黍、雞子、蒜頭，飲菖蒲、雄黃酒，云辟百邪。小兒以雄黃塗其面，以五彩絲繫其腰，謂之「長命縷」。午，貼門符，小兒掛香囊，佩朱符，縛艾為虎。洗百草湯，云不

362　同治《建昌府志》卷三《風俗·四時土俗大略》。
363　道光《崇仁縣志》卷二《疆域志·風俗》。
364　同治《金溪縣志》卷四《風土》。
365　同治《南城縣志》卷一之四《風俗》。

生芥。親鄰以角黍、雞子、雄黃、蒲扇、朱符、香囊相饋遺。午宴畢，觀競渡。[366]

（吉安）端午，以角黍相餉，飲雄黃酒，插艾與菖蒲於門。婦人採金鳳花染指甲，小兒以火灸腹卻病。大江為競渡之戲。[367]

（永豐）端午日，取雄黃和酒飲，謂之「治聾」。門首懸菖艾驅邪。恩江橋沿流競渡，觀者雲集。[368]

（萬安）端午，戚屬互以角黍、面、扇等物相饋，飲雄黃酒。兒童以雄黃少許塗頭面，婦女簪蠟花、艾葉。門插艾旗、蒲劍。正午取百草為藥。競渡，今惟百嘉、韶口有之，以龍舟互爭勝負，兩岸觀者如堵。[369]

（會昌）五月五日「龍船會」。是日午刻，繪龍於舟，雜以旗幟，鑼鼓喧揚競渡，城市觀者如堵。[370]

（上猶）端節，龍舟競渡，兩岸觀者如堵，齊聲喝采（彩），間有鼓楫中流，放鳧鴨於水中，而觀其奪取者。[371]

（南康）端午，插蒲艾於門，搗雄黃和酒飲，以辟毒。餉角黍相饋。市或浮龍舟，群戲於江，鳴鑼競渡。[372]

366 同治《新城縣志》卷一《地理志·風俗》。
367 民國《廬陵縣志》卷四《疆域志·風俗》。
368 同治《永豐縣志》卷五《地理志·風俗》。
369 同治《萬安縣志》卷一《方輿志·風俗》。
370 同治《會昌縣志》卷十一《風俗》。
371 光緒《上猶縣志》卷二《輿地志·風俗》。
372 同治《南康縣志》卷一《風俗》。

新中國成立後，辦神會等舊俗已不復見，「吃粽子」等習俗則沿承至今，賽龍舟活動多由體育運動委員會或工會主辦，組織競賽活動，規模大小不等。時至今日，端午節仍是一個十分流行的隆重節日，於二〇〇六年五月經國務院批准列入第一批國家級非物質文化遺產名錄，二〇〇八年被列為國家法定節假日之一，二〇〇九年在阿聯酋首都阿布紮比召開的聯合國教科文組織保護非物質文化遺產政府間委員會會議上，又成功入選《世界人類非物質文化遺產代表作名錄》，為中國首個入選世界非遺的節日。

江西河流湖泊眾多，人們在端午日「劃龍船」的習俗較為盛行。在南昌市安義縣，石鼻鄉、萬埠鎮和龍津鎮的龍舟賽，在明朝時期就相當出名。每年五月初五，成千上萬的人圍觀在安義的潦河兩岸，等待各村各鄉的龍舟賽開始。大約在上午九時，潦河里的龍舟爭先恐後地朝前猛劃。龍舟有的為黃色、有的為紅色、有的為黑色，還有白色的、綠色的，使二百米寬的潦河上構成一幅五彩繽紛、絢麗壯觀的圖畫。

在宜春市高安縣，其龍舟賽最為特殊，他們的縣代表隊連續參加了全國第二屆、第三屆、第四屆「屈原杯」龍舟賽，各屆成績均名列前茅。一九九二年高安龍舟代表女隊，還參加了在北京舉行的國際龍舟賽，榮獲了女子組全部兩項冠軍。

高安打制龍舟時，要請打製龍舟的木匠舉行祭祀儀式。待新龍舟做好後，須將龍舟順轉過來，再用紅、黃、藍、白、黑種顏色疊成的五彩布分別釘在龍舟頭的兩邊，捉一隻大公雞割開雞喉，對准龍舟的中心主梁點雞血，俗稱此為「祭梁」。祭梁之後木匠須唱彩詞：「一進船頭生百福，二進船頭狀元紅」等吉利

語。等吉利話講完，東家須付給唱彩詞的木匠一個紅包，以謝他的良好祝願。

每年五月初一，參賽龍舟下水訓練。按舊俗，龍舟下水前要設壇舉祭方可開始劃動。高安縣的龍舟賽場設在錦江，五月初五，方圓幾十里的人們早早雲集在錦江兩岸。開賽時，鑼鼓喧天，百舸爭流，場面十分壯觀。兩岸則是喊聲震天，掌聲雷動，為參賽人助威。

高安縣按傳統的習俗規定，制好的龍舟和參賽完的龍舟由各廟會或龍王會管理，每年從農曆四月開始，劃龍舟的參賽者所在的「龍王會」便會抬著「龍王爺」（為木雕龍頭）到鄰里募捐，募捐回來後要將「龍王爺」放置在祠堂當中，由抬龍王的人依次朝「龍王爺」燒香叩拜。各村所募捐的錢和谷物留待端午日龍舟賽時用。

（四）七夕節

為農曆七月初七日，又稱「七月七日節」、「女兒節」、「乞巧節」、「七巧節」。相傳這天是七仙女的生日，也是牛郎和織女天河相會的日子。本地區不少地方有「拜七仙女」的習俗。神話傳說中的七仙女，花容月貌，心靈手巧，能織出錦繡絢麗的彩霞，因而為人間女子所嚮往。於是衍生出了七夕乞巧的節俗。

至於乞巧的時間，各地有所差異，有的是在中午，有的則是在晚上；乞巧的方式也表現出一些不同，主要有如「丟針卜巧」、「穿針乞巧」、「喜蛛應巧」等形式。

在南昌等地主要存在的是「丟針卜巧」的習俗。當日中午，

婦女們用小瓷盤裝一點水放在太陽下，把針浮在水面上。如果水底出現剪形影子，表明自己善女紅，則高興；如果出現砧杵形影子，就憂愁，據說這預示著自己既勞苦，又笨手笨腳。

（南昌）七日日中，女兒習「乞巧」之戲。以小瓷盤曬水，少頃投針其上，針浮，下現諸影，得刀剪形則喜，砧杵形則憂，謂勞苦且拙也。[373]

在於都、廣昌、南城、井岡山、萬安等地主要存在「乞巧會」的習俗。當日傍晚，婦女們掃淨庭院，沐浴更衣後，在家門口擺上香案，並用幾只碟子裝滿淨水和瓜果等，祭拜織女星，於此祈盼自己今後能像織女一樣手巧靈活。新建縣當日還有曬書的習俗。

（於都）七夕，「乞巧」之筵，士人間有之。婦女家以衣蒙箕向天暗祝，謂之「箕卜」。[374]
（樂平）七夕，婦女陳瓜果「乞巧」。[375]
（廣昌）七日，婦女作「乞巧會」，羅拜月下，以諸果置糖蜜水中，露一宿，厥明飲之，謂之「巧水」。[376]

373　同治《南昌縣志》卷一《輿地志·風俗》。
374　同治《雩都縣志》卷五《風俗·民禮附》。
375　同治《樂平縣志》卷一《地理志·風俗》。
376　同治《廣昌縣志》卷一《風俗志》。

（南城）七夕，婦女多陳瓜果，羅拜月下，謂之「乞巧」。[377]

（井岡山）七夕，婦女夕設瓜果「祈巧」。[378]

在浮梁、分宜、宜豐、崇義等地主要存在的是「對月穿針乞巧」的習俗。當日晚上，女子對著皓月星辰用紅絲線穿繡花針，成功者，眾人稱之為「巧姑娘」。而在宜春等地，女子則是在中午穿繡花針以乞巧。

（浮梁）七夕，女人陳瓜果，結彩縷穿針拜庭下以乞巧。[379]

（崇義）七日，婦女穿「乞巧針」。[380]

（分宜）七日，婦女於月下用五彩絲合成一線穿針孔，過者為巧，名曰「乞巧」。[381]

（宜豐）七日，學士賦詩飲酒，賞「七夕」。女子陳瓜果於庭，拜牛星，向月穿針「乞巧」。[382]

（宜春）七夕，婦女無「乞巧會」，唯日午以彩穿針。[383]

377 同治《南城縣志》卷一之四《風俗》。
378 同治《永寧縣志》卷一《風俗》。
379 康熙《浮梁縣志》卷一《風俗》。
380 光緒《崇義縣志》卷三《風俗》。
381 民國《分宜縣志》卷十四《風俗・生活習慣》。
382 民國《鹽乘》卷六《禮俗志・風俗》。
383 乾隆《袁州府志》卷十二《風俗》。

　　在高安、上高、餘江等地則存在「喜蛛應巧」的習俗。當日晚上，婦女將蜘蛛放置盒中，觀其結網情況，如果蜘蛛在盒中結成網，則表示自己善女紅，否則則不善女紅。

　　　　（上高）七夕，婦女陳瓜果於庭，置蜘蛛盒中，觀其成網，以驗巧拙，曰「乞巧」。[384]

　　　　（高安）七夕，陳瓜果於庭，飲酒賞牛女銀河之會。婦女置蛛妝盒中，觀其成網，以驗巧拙。[385]

　　　　（余江）七夕，婦人結彩縷，穿七孔針，或以金銀、磐石為針。陳幾筵，酒脯、瓜果於庭中以乞巧。有蟢子網於瓜上，則以為符應。[386]

　　此外，在鉛山縣，民家中有嬌弱小孩者，則在當晚設果糕祭祀牛郎、織女星，並令小孩對向跪拜，祈求雙星保佑其健康成長。在吉安縣，民眾當日登天華山拜禱，祈求治好目疾。在萬安縣，當地傳說該日為「康王神誕辰」日，民眾舉行送袍賽會。在於都縣，除了「乞巧」外，鄉村婦女還會在當日晚上用布蒙住簸箕向天祈祝，稱為「箕卜」。在會昌縣，則傳說為「祁山道人賴神誕日」，當地民眾會舉行一些演戲等祭神活動。另外，民家有

384　同治《上高縣志》卷四《風俗》。
385　同治《高安縣志》卷二《風俗》。
386　同治《安仁縣志》卷八《地理志・風俗》，同治十一年刊本。

女兒者，當晚在小女孩脖子上繫紅繩，由父母等帶領焚香跪拜，祈求七仙女保佑女孩花容月貌，心靈手巧。「拜干娘」和女孩穿耳眼也多選擇在這天。

（吉安）七月七日，鄉人男婦登天華山拜禱，保目疾。[387]

（鉛山）七夕，家家設糕果祀牛郎織女，有小兒女之嬌弱者必令禮拜，祈雙星福佑，卻無「乞巧」之舉。[388]

（萬安）七夕，女子設瓜果於庭，拜織女星，以「乞巧」。邑人多祀康王，相傳是日為神誕辰，處處送袍賽會。[389]

（於都）七夕，「乞巧」之筵，士人間有之。婦女家以衣蒙箕向天暗祝，謂之「箕卜」。[390]

（會昌）七月七日祁山道人賴神誕日。先日迎神出游，城鄉市鎮皆演劇恭祝，以答神庥。[391]

民國年間分宜縣北部楊橋墟，七月七日有「趕七」之俗，這日當地民眾從四面八方到楊橋趕集交易，成為當地一大「墟

387 民國《廬陵縣志》卷四《疆域志・風俗》。
388 同治《鉛山縣志》卷五《地理志・風俗》。
389 同治《萬安縣志》卷一《方輿志・風俗》。
390 同治《雩都縣志》卷五《風俗・民禮附》。
391 同治《會昌縣志》卷十一《風俗》。

日」。

　　（分宜）又邑北楊橋每月除三、六、九當墟外，七月七日起，有曰「趕七」。惟此十日演劇聚賭，人山人海，埒於西江三鎮商埠之稱，為我邑一大墟場。[392]

　　過去南昌還把農曆七月七日稱作「女兒節」，每逢這一天，人們就要把出嫁的女兒接回家來，以免天帝發現女兒與女婿長期生活在一起，把他們像牛郎織女一樣強迫分開。在新建縣一帶，七夕這天要把全村莊的雄雞宰掉，因為沒有雄雞報曉，牛郎織女就可朝夕相守，不再離別；在安義縣一帶，傳說七夕節這天，牽牛、織女兩星總是竟夜經天，在黎明前，百鳥升天，為牛郎織女相會搭橋。百姓白天不獵禽鳥，有的半夜三更起床，觀賞星象，還有的焚香禱告。

　　七月初七還有拜魁星爺的習俗。魁星爺就是魁斗星，即二十八宿中的奎星，為北斗七星的第一顆星，也叫魁星。古時科舉，中狀元稱為「大魁天下士」或稱「一舉奪魁」。舊時的讀書人相信魁星爺與榜上題名有關，因此，魁星閣遍布全國各地，人們拜祭魁星爺也十分虔誠。

　　現在大多數習俗已廢，但「七月七，做果吃」的習俗仍然在許多地方存在，近年來民間有將「七月七」稱為「中國的情人

　　392 民國《分宜縣志》卷十四《風俗‧生活習慣》。

節」之說，常有一些慶祝活動。

（五）中元節

七月半人們於河邊「燒紙錢」農曆七月十四日（亦有為十五日的）俗稱「七月半」、「中元節」。民間傳說這一天陰間的鬼門關大開，死去的人可以回到家裡探望，有「七月半，鬼亂竄」之說，所以又叫「鬼節」。

七月半是祭祖的節日。許多地方人們從七月一日開始（永新縣更早，從六月末就已開始），打開家中先祖牌位門，叫「開鬼門」，十五日晚關牌位門，叫「關鬼門」。也有的地方初七或初十開始將祖先牌位從神龕中捧出置桌上，或者將祖先畫像掛於廳堂之上，朝夕以酒肴、糕點祭祀，稱為「接祖公祖婆」、「下公婆飯」。

到了十五日傍晚或十四日傍晚，也有的地方從十二、十三日就開始，給先祖焚冥錢、冥衣、金銀箔錠（金銀箔紙折做的），稱為「燒包（袱）」、「送公婆衣錢」，即將冥錢、箔錠等合在一起用白紙糊成包袱，呈豎寫信封狀，外面用毛筆書寫，左寫「茲逢中元之期，謹珍具冥錢一包奉上」，中寫「故父（母）某某（某門某氏）老大人（老孺人）收」，右邊寫「孝男某某敬具」，有的送至墓前，有的於傍晚前在家門前、村頭、路口焚化，並燒香燭，敬酒肴、果品等。但上饒、玉山縣人們在祭祖過程中不用葷品，而只是用蔬菜祭祀，和其他地區有所差異。另外，還要在村頭、路口、郊外燒些紙錢，給無家可歸的孤魂野鬼受用，稱為「燒無名錢」。人們視此為做善事，多叫小孩去做，邊燒紙邊念

叨：「孤魂野鬼，領受錢財」等語。

（九江）中元，自朔日始焚香以迎祖，至期具酒肴、楮錢追祀之，月望乃止。[393]

（德安）中元日，自初七日至是日止，戶具酒肴，焚楮錢，追祀祖先。[394]

（彭澤）中元，俗稱「鬼節」。各家設祭薦先，夜則賑濟孤幽。[395]

（上饒）中元，嘗祭先祖。無貴賤皆行祭，品率蔬素，間有用牲者。[396]

（玉山）中元，嘗祭先祖，祭品率蔬素，間有用牲者。[397]

（橫峰）中元，陳饌食於中庭，以祭先祖，謂之「鬼節」。[398]

（廣昌）中元，先一晚，焚香點茶迎祖宗，次日祭之。[399]

（吉安）（七月）十五日為中元節，剪楮為衣、錢以薦

393　康熙《九江府志》卷二《風俗・祭》。
394　同治《德安縣志》第三卷《地理志・風俗》。
395　同治《湖口縣志》卷一《地理志・風俗》。
396　同治《上饒縣志》卷十《風俗》。
397　同治《玉山縣志》卷一下《地理志・風俗》。
398　同治《興安縣志》卷四《地理志・風俗》。
399　同治《廣昌縣志》卷一《風俗志》。

祖考。[400]是日居民無論貧富，咸備佳饌祀祖先，且焚化紙錢紙錠。錠之花樣甚多，係用錫箔折成，而折錠忌孕婦，忌晚間。蓋為孕婦折錠，焚化後鬼舉之不動，無益於陰曹。[401]

（永豐）中元日，俗謂「鬼節」。是夕，家家具牲醴，焚冥鏹祀奉宗先，並焚散楮錢於路，以資游魂。[402]

（遂川）中元，焚紙衣鈔，祀祖先。有新喪者，戚友裝繪紙衣送喪家焚燒，調之「燒新衣」。[403]

（萬安）中元節，自七月朔懸祖先遺像祀之，香燈不斷。至是日，家家焚紙錢，祠堂亦如之。間有齋僧為「地藏會」者，謂超拔枉亡，保安地方也。[404]

（井岡山）中元，自朔日起奉祖先神主供奉，焚冥衣，設冥食，或用僧道薦拔。十五夜，致祭送神。[405]

（永新）中元，祀先，焚楮衣，設冥食。先是六月晦日，迎先祖，設位於家，至是夜設　酒送之。[406]

（會昌）十五日中元會，延僧建醮誦經，各齋戒。[407]

（安遠）中元節，俗傳祖先歸家，自十二夜起焚香潔

---

400 民國《廬陵縣志》卷四《疆域志・風俗》。
401 胡朴安《中華全國風俗志》下編，《江西・吉安之中元節》，第 293 頁。
402 同治《永豐縣志》卷五《地理志・風俗》。
403 同治《龍泉縣志》卷五《政事志・風俗・歲時風習》。
404 同治《萬安縣志》卷一《方輿志・風俗》。
405 同治《永寧縣志》卷一《風俗》。
406 同治《永新縣志》卷四《地理志・風俗》。
407 同治《會昌縣志》卷十一《風俗》。

茗，朝夕上食，至十五夜具楮衣冠、錢鏹祭送。[408]

（尋烏）中元，祀祖先外，化紙以散孤魂。[409]

（崇義）中元，以楮為衣冠，拜焚大門外，亦有用浮屠氏追薦者。[410]

另外，中元節當天，許多地方或由民眾、宗祠延請寺僧做醮祭祀祖先，或由寺廟舉辦醮事，稱為「盂蘭會」，並演戲祭神，修醮賑孤，超度孤魂野鬼，有的地方如分宜、德安等縣從初七日開始，一直延續到十五日，而萍鄉一帶則為二十日舉行。在南城縣，婦女於當日去寺廟上香祈禱，並於三十日到地藏王殿燒香；而分宜縣民眾則在三十日燒「無名錢」。本年遇有新喪之家，則一般在中元節前數日舉行祭祀活動，有的地方還會延請寺僧建醮「做法事」超度，戚友多備肉果、楮衣等送至主人家，稱為「送新衣」、「送新七月半」等。

（萍鄉）中元先數日，中庭設席迎祖先，朝夕具饌，謂之「下公婆飯」。至期，剪紙為衣，裹紙錢燒，謂之「送公婆衣」。新亡者，戚族多備肉果、楮衣薦之，謂之「送新衣」。二十日有「盂蘭會」，亦裹紙錢、燒衣燒之，謂之「送

408　同治《安遠縣志》卷一之八《地理志・風俗》。
409　光緒《長寧縣志》三卷《政志・風俗》。
410　光緒《崇義縣志》卷三《風俗》。

無名衣」。[411]

（分宜）中元，從前有演劇建醮七日於縣署者，名曰「盂蘭會」。裹以紙錢、紙衣，謂之「燒無名錢」。新喪，於十五日以前建醮度亡，親戚、族友送紙，名曰「新紙」。三十日，家家燒無名錢，念曰：「無名大王，每名三張，不許亂搶，搶了打巴掌。」[412]

（南城）中元，俗謂「鬼節」。人家多祀其先，焚紙錢以給亡者，或延僧誦經殿廟，懺七晝夜，為「盂蘭會」，費至數百金，云為無祀之鬼作超度。是日，婦女各廟燒香，曰「浣難香」，訛稱「廣男香」；至三十日，專往地藏王殿燒香。咸豐初，知府李藩以僧俗混雜示禁，此風稍減。[413]

（都昌）（七夕）多釀錢請僧道修醮賑孤（曰「盂蘭會」）。鄉民亦有趁此飯僧道念經薦父母者，知禮之家則但薦寢紙而已。

七月朔日起，供食饌如養然，謂之「接祖宗」；以後每日如是，至望乃止；望前三日，備酒餚，焚寓錢，謂之「送祖宗」，亦曰「燒紙」。俗云：若至十四日，恐祖宗去而弗享，則亦所謂「勿勿諸其欲其饗」之者與！[414]

411 同治《萍鄉縣志》卷一《地理志・風俗》。
412 民國《分宜縣志》卷十四《風俗・生活習慣》。
413 同治《南城縣志》卷一之四《風俗》。
414 同治《都昌縣志》卷一《封域志・風俗》。

（南昌）中元，焚紙錢賑鬼。無賴僧倡為「盂蘭大會」，演「目連戲」。綱利男女雜觀，大為地方害，經屬禁，風少息。**415**

（新建）中元，祭先祖，焚冥資，僧寺多設「盂蘭會」。**416**

（安義）中元，設饌祭先於庭，焚楮帛、錫錁，謂之「燒包」；或延僧道薦？作「盂蘭會」。**417**

（樂平）中元，以牲醴、羹飯，焚楮幣祀其先。緇黃之家誦經懺，謂之「蘭盆會」。**418**

（星子）中元，陳酒餚以祭祖先，延僧設醮賑孤鬼，為「盂蘭會」。**419**

（鉛山）中元節，每家擇日祀祖薦新，貢獻葷素各半，務豐潔誠敬。祀後，以肉果互相饋遺，為享神惠。又有作「中元會」修功德者，召僧放焰火，焚冥鏹，普度孤幽。**420**

（東鄉）中元，俗稱「鬼節」。設食度孤，亦不延僧道作「盂蘭會」，但各焚紙鏹冥衣於門巷外，謂之「燒衣紙」。**421**

---

415 同治《南昌縣志》卷一《輿地志・風俗》。
416 同治《新建縣志》卷十五《邑肇志・風俗》。
417 同治《安義縣志》卷一《地理志・風俗》。
418 同治《樂平縣志》卷一《地理志・風俗》。
419 同治《星子縣志》一卷《疆域志・風俗》。
420 同治《鉛山縣志》卷五《地理志・風俗》。
421 同治《東鄉縣志》卷八《風土志・風俗》。

（資溪）中元，俗謂「鬼節」，多設僧會薦亡，曰「盂蘭會」。[422]

（宜豐）十五日，中元節。各家具經楮、冥衣、金銀錁錠，薄暮焚之，設餚饌以薦祖考。[423]

（奉新）中元日，家皆食米粉，間染以紅色。設酒饌，焚楮幣，以祀其先。[424]

（靖安）中元前一夕，市米粉薦新。是日，焚冥鏹以祀先人。薄暮，通衢委巷遍插神香，僧寺亦有開盂蘭道場者。[425]

在南豐縣，舊時鄉間有游「少年燈」的習俗。每年七月十三至十六，南豐鄉間常舉行游燈儀式，叫「少年燈」。頭二日，敲鑼打鼓，並將燈放在鼓上，叫「鼓亭」。到了十三日，人們邊走邊擊鼓，放在鼓上的小人物和一些花草、飛禽走獸等小紙紮，在鼓上被震得狂蹦亂跳，十分有趣。鼓約有十來面，還有各種各樣的細竹篾編成的燈，這些兩旁的燈叫「助燈」。鼓燈隊到處周游，百姓們通宵達旦歡娛。

422 乾隆《瀘溪縣志》卷一《封域志・風俗》。
423 民國《鹽乘》卷六《禮俗志・風俗》。
424 同治《奉新縣志》卷一《輿地・風俗》。
425 同治《靖安縣志》卷一《地理志・風俗》。

（南豐）中元，俗云「鬼節」。多剪紙祭亡人，作道場飯僧。七月十三張燈，至於十六，謂之「少年燈」。先一二月，夜習鼓，鼕鼕達旦。至期，架燈於鼓上，謂之「鼓亭」；行則擊鼓，鼓動則草木、人物、飛禽、走獸之屬皆震動如活，旁翼以鐃吹絲竹，蟬聯不斷，至十數鼓。前後皆有別燈，大小高下、粗精不一以間之，謂之「助燈」。末以一福神為殿，神之興衛，皆燈也。曲巷周行，游歷必遍，舉室皆出觀，無就寢者。[426]

在吉安縣，舊時每年從七月初一至十五日，富裕之家都會在村旁搭建高台，請僧人誦經鳴鑼等超度鬼魂，並向台下觀眾扔擲水果、包子等物，未生男孩之婦女拾得包子則預示來年可得子，小孩拾得包子則一生可不受驚嚇。

（吉安）自七月朔至七月望，此半月內，富家咸延僧放焰口，誦經度鬼。放焰口之處，大率於路旁搭一高台，台上置神偶、鑼鼓、絲竹及包子、水果等物。眾僧或擊鑼鼓，或鳴絲竹，或誦經，喧鬧一場，然後將包子水果向台下亂擲。一般迷信者爭相拾取。據云婦人搶取包子一個，來年即可得子；小孩搶得包子一個，一生可不受驚嚇。[427]

---

426 民國《南豐縣志》卷一《疆域志上・風俗》。
427 胡樸安：《中華全國風俗志》下編，《江西・吉安之中元節》，第293

民國二十四年版《南昌縣志》記載該縣當晚存在小孩「燒瓦塔燈」的習俗，這種習俗在舊時江西很多地區存在，但日期卻是為八月十五「中秋夜」，因而較為特殊，或為編纂者失誤。

（南昌）中元家祭，用紙袱囊紙錠焚之，曰「衣祭」，謂與先人備寒衣也。城中東湖畔燒天竹，以大竹四破，實柴其中，灌油於上，夜燃之。小兒向街頭聚瓦石作塔，置火於內燒之，望若火樹，謂辟邪。[428]

舊俗在此日，居民出嫁之女不得回娘家，親戚朋友不得登門拜訪，小孩禁忌夜出玩耍。

新中國成立後，「七月半燒包袱」的習俗一直在民間沿承存在。近年來，各地人們為逝去的親人送「衣」、「熱水瓶」、「電視機」、「摩托車」、「電冰箱」、「小轎車」、「金銀首飾」等冥器出現並盛行。

（六）中秋節

中秋燒「瓦子燈」情景圖為農曆八月十五日，又稱「八月節」、「團圓節」。中秋節的來歷，無確切記載，一般認為與先民對日月星辰的崇拜儀式有關。「中秋」一詞，最早見於《周禮》。

頁。
428 民國《南昌縣志》卷五六《風土志》。

據史籍記載，古代帝王祭月的節期為農曆八月十五日，恰逢三秋之半，故名「中秋節」。但直到唐代初年，中秋節才成為固定的節日，據《新唐書》載「其中春、中秋釋奠於文宣王、武成王」，及「開元十九年，始置太公尚父廟，以留侯張良配。中春、中秋上戊祭之，牲、樂之制如文」。[429]中秋節的盛行始於宋朝，至明清時，已與「元旦」齊名，成為中國的主要節日之一。這也是中國僅次於春節的第二大傳統節日。在這天，各地人們主要存在賞月、祭（拜）月、吃月餅習俗。

中國各地中秋拜月的方式很多，有的直接向月跪拜，有的則供月光神禡，還有以木雕月姑為偶像者，但都是把神像供奉或掛在月出方向，設供案擺供品。北方地區民眾多供梨、蘋果、葡萄、毛豆、西瓜等；南方民眾則多供柚子、芋頭、柿子、菱角、藕等。月亮升起來後，必燒頭香，婦女先拜，兒童次拜。參與人員各地也有差異，如在南昌一帶，過去男人不參加拜月，因為當地盛行男子不能給女子下跪，而月宮中的嫦娥是女性，故不參與。

舊時江西地區民間十分看重中秋節，是民間三大傳統節日之一，其風俗亦有許多同異之處。這天，家家戶戶殺雞宰鴨，買魚買肉，全家吃團圓飯，有的地方還會打麻餈、做米果。晚上月亮升起時，每家於庭院門前設香案，焚香燭，擺上月餅、柚子、花

429　（宋）宋祁、歐陽修等纂：《新唐書》卷十五《志第五·禮樂五》，中華書局一九七五年版。

生及各種果品，燃放爆竹，敬拜「月亮公公」（即神話傳說中在月宮中砍伐桂樹的吳剛）及先祖神靈。

晚飯過後，全家人合家團坐，品茶賞月，並分嘗月餅和各種果品，敘聊家常，賞月慶賀合家團聚。此時小孩一般端坐大人旁，聽其講述「月宮嫦娥」、「吳剛伐桂」、「月兔搗藥」等神話傳說故事。此外，每當節日，親屬都要互贈月餅，新婚之人尤甚。訂了婚的男家，也要在中秋節前給女家送禮品、錢物等，稱為「送節」。

（樂平）中秋，設香案迎月出，陳果酒薦祖先，親屬以月餅相饋。[430]

（九江）中秋，人家饋月餅，具紫菱、香藕佐觴玩月。[431]

（瑞昌）中秋日，賞月，親朋以果餅相饋遺。[432]

（湖口）中秋，啖月餅、菱藕，飲酒賞月。[433]

（上饒）中秋賞月，以瓜果相饋。[434]

（橫峰）中秋，夜設瓜藕、餅果於庭台高處，坐待月華，簫鼓群飲，謂之「賞月」。[435]

430 同治《樂平縣志》卷一《地理志‧風俗》。
431 乾隆《德化縣志》卷三《方輿志‧風俗》。
432 同治《瑞昌縣志》卷一《地理志‧風俗》。
433 嘉慶《湖口縣志》卷十八《歲時民俗》。
434 同治《上饒縣志》卷十《風俗》。
435 同治《興安縣志》卷四《地理志‧風俗》。

　　（崇仁）中秋，以瓜果、月餅相饋遺，裡巷弦歌達旦。
家設茶果，戚友招邀，謂之「賞月」。[436]

　　（資溪）中秋，是夜家具茶果，謂之「賞月」，多用西
瓜、圓餅，取月圓之義。[437]

　　（尋烏）中秋，漬桂酒，遺月餅以賞月。[438]

　　許多地方，鄉間小孩有「燒寶塔」、「燒塔燈」、「瓦子燈」
的習慣。當晚，在村前房後空坪上，小孩拾取瓦礫壘成塔形，塔
身如鱗，塔基直徑約一米，高三四尺，較大者則達二到三米，底
設一火門，裝柴點火。小孩拾撿或沿戶乞柴燃燒，當明月冉冉升
起時，大小爐窯升起大火，鮮紅如同珊瑚樹，名之曰「燒寶
塔」、「瓦子燈」。有的還在塔中火旺時撒上皮糠，或噴上白酒、
澆上煤油、撒些松香等，使之火光四射，火花四濺，稱為「燒旺
火」，象徵紅紅火火、吉祥興旺之意，又說可防天庭降天火嫁禍
於人間。

　　（餘干）中秋夜，小兒拾瓦礫（礫）砌塔為戲。[439]

　　（萍鄉）中秋節，以月餅相饋遺，夜則以果餤賞月，兒

436　道光《崇仁縣志》卷二《疆域志・風俗》。
437　乾隆《瀘溪縣志》卷一《封域志・風俗》。
438　光緒《長寧縣志》三卷《政志・風俗》。
439　同治《餘干縣志》卷二《輿地志二・風俗》。

童燒瓦塔，望若火樹，謂辟邪，兼為桂花燈之戲。[440]

（分宜）十五夜，家家戶戶團坐中庭賞月，席上多以藕梨、糕餅食品。「中秋」賞月。夜間兒童燒瓦塔，自下至杪望若火樹，謂為辟邪。[441]

（樟樹）中秋，多剪瓜作燈，以其形似月也。兒童甕瓦礫浮圖，實薪其中燃之，四面玲瓏，如火樹。[442]

（臨川）中秋夜，一般小孩於野外拾瓦片，堆成一圓塔形，且有多孔。黃昏時於明月下，置木柴塔中燒之。俟瓦片燒紅，再潑以煤油，火上加油，霎時四野火紅，照耀如畫。直至秋深，無人觀看，始行潑息。是名「燒瓦子燈」。[443]

（南城）中秋，午宴肴饌，殺於諸節。夜具果餅賞月，以月餅相饋遺。童子架瓦片，如浮屠式，焚薪其中，謂之「燒瓦子燈」。[444]

（吉安）中秋，以月餅相餉，大徑尺，飾以丹桂玉兔。小兒集瓦片成塔，積薪灌油，柱火其中，以紅透為吉。[445]

440 民國《昭萍志略》卷十二《風土志·禮俗》。
441 民國《分宜縣志》卷十四《風俗·生活習慣》。
442 同治《清江縣志》卷二《疆域志下·風俗》。
443 胡樸安：《中華全國風俗志》下編，《江西·臨川之中秋節》，第290頁。
444 同治《南城縣志》卷一之四《風俗》。
445 民國《廬陵縣志》卷四《疆域志·風俗》。

　　（遂川）中秋，置酒觴月。小兒累碎瓦為浮屠，鱗差角銳，積薪燃之，曰「燒寶塔」。[446]

　　（萬安）中秋，互饋月餅。兒童拾瓦片堆塔高數尺，夜間小鑼鼓沿門化芧燒塔，燒至通紅，會飲賞月。[447]

　　另外，中秋是中國三大燈節之一，人們過節要玩燈。當日許多地方也會舉行迎神賽會、花燈游行、燈謎競猜、放荷花燈等娛樂活動。另外還有放天燈的，即「孔明燈」，用紙紮成大型的燈，燈下燃燭，熱氣上騰，使得燈受力飛上天空飄走，引人們歡笑追逐。在瑞金縣，當地婦女於這日迎紫姑神下凡，祈求福佑；在上猶縣，當地婦女還會進行「箕卜乞巧」活動。

　　（安義）中秋日，各鄉迎神，旌旗簫鼓，遍歷村保。夕，設餅餌會宴賞月，夜深方罷。[448]

　　（宜春）中秋，以月餅相饋遺，夜則瓜餅賞月。兒童燒瓦塔、冬青樹葉，火龍燈為戲。[449]

　　（高安）中秋夜，啖月餅，群飲賞月。各塾館具儀物禮師，市間出燈謎，如「燈節」。[450]

446　同治《龍泉縣志》卷五《政事志‧風俗‧歲時風習》。
447　同治《萬安縣志》卷一《方輿志‧風俗》。
448　同治《安義縣志》卷一《地理志‧風俗》。
449　乾隆《袁州府志》卷十二《風俗》。
450　同治《瑞州府志》卷二《地理志二‧風俗》。

（上高）十五日夜，士大夫家多飲酒賞月，吟詩贈答。邑多祀康王，十三、十五、廿四、廿六日，各鄉市備牲醴、香楮，演戲迎賽甚眾。[451]

（宜豐）十五日，中秋。啖月餅，群飲賞月。各學堂復具儀物禮節。市間夜出燈謎，如「燈節」。各廟陳設古玩、字畫、花木以迓游人。[452]

（上猶）中秋夕，小兒各拾瓦片累塔於門前，積薪其中燒之，紅光徹裡背，謂之「慶塔」。婦女於起更後，各於室中簷廊下設茶酒向月拜祝，置簸箕幾上，盛以米，更有筲箕覆而插箸其端，蒙以絹幅，令十一、二歲女兒立兩旁，輕托箕弦，移時箕忽自動，有禱則箸點畫米中，次數、方向悉應如響，亦略近古人七夕「乞巧」之意。[453]

中秋之夜，許多地方還存在「摸青」等地方風俗。如在南昌，古時西湖區的中心處有一高士橋（現稱高橋），高士橋有石柱欄桿十二根，每年八月十五之夜，婦女們或相約，或獨行來至高士橋上，待月至中天，便用手在高橋兩旁的石柱上撫摸，甚至納入懷中，據說如此這般便可生男孩。直至夜深，往來橋上的婦女還絡繹不絕。清代劉一峰曾作《高橋行》詩一首反映當時拜月

451　同治《上高縣志》卷四《風俗》。
452　民國《鹽乘縣志》卷六《禮俗志·風俗》。
453　光緒《上猶縣志》卷二《輿地志·風俗》。

求子盛況。詩曰：「高橋月明當夜半，前呼後呼女郎伴；傳言拜月過中秋，便好生兒嫁石頭。」[454]另外，鄉村地區未育婦女當晚還會入別家園圃偷摘青菜懷抱而回，有的甚至將冬瓜塞入久不生子的夫婦被子裡，祈願來年能得子。

（南昌）中秋夜，婦女暗數高橋橋柱，宜子。婦人結對入園圃中竊瓜菜之屬懷之，謂之「摸青」，為宜子之祥。[455]

在鉛山縣，中秋之夜的求子習俗也非常別致，除供月餅和其他果品之外，另搬一只大冬瓜放在供桌上，然後眾人拜禮月亮，並以鼓弦之樂和之。中秋之後，月下供過的冬瓜，可送親友中還未生育男孩的人，據說未生育的夫婦吃了這只冬瓜後，即可得子。

（鉛山）中秋節，親友饋送各種月餅，以助月下茗戰之資。間有取大冬瓜一枚，宮燈鼓吹送親友之未得子者。[456]

---

454 引自李鴻主編：《江西飲食文化與風情》第五章，北京新華出版社一九九九年版，第 210 頁。

455 同治《南昌縣志》卷一《輿地志·風俗》。

456 同治《鉛山縣志》卷五《地理志·風俗》。

在東鄉縣，婦女用男孩衣包裹瓜芋送給戚友未得子之家，以祈願生男孩。在井岡山地區，人們於當日從田間拔一棵青禾，悄悄放在未育婦女床上，以示來年生子。

（東鄉）八月十五日，為「中秋會」。婦女或以小兒衣裹瓜芋飼人，以象宜男。[457]

此外，在江西地區，人們傳說農曆八月十五日為「許真君升天日」。南昌、高安、靖安、萬安一帶民眾從八月初一開始，至十五日，多釀錢組織「朝仙會」，鼓樂群行，前往新建縣西山萬壽宮（或本地許旌陽祠廟）朝拜。會昌縣則以八月十二日為「許旌陽生辰日」，人們設齋祭供，並舉行祭神演戲活動。

（南昌）朝旌陽宮，村人爭釀錢為香會，名「朝仙會」。自初一始，會或數十人，或十數人，一人為香頭前導，刻蛟龍長二三尺佩於左，一人為香尾殿後，荷紅幡書「萬壽進香」四字，餘皆纓帽長衫，鼓樂群行，示大患既平，民氣歡騰。佩蛟龍者，謂就馴擾以象其功也。日數十百群，鼓樂喧闐道路。是日多輕陰，俗呼為「朝拜天」。[458]

457 同治《東鄉縣志》卷八《風土志·風俗》。
458 民國《南昌縣志》卷五六《風土志》。

（新建）相傳許旌陽以八月十五日拔宅上升，居民感德立祠，宋徽宗敕修賜額「玉隆萬壽宮」。歷元、明迄今，自八月朔四遠朝拜不絕，至十五日而最盛。居民輻輳成市，中秋節為江西第一。[459]

（安義）彰靈岡在縣治之北，距縣三里許，有許旌陽祠。每逢八月之朔，四方朝拜，一如萬壽宮。[460]

（高安）八月初一等日，群謁許真君祠，男女燒香迎賽甚眾。[461]

（靖安）八月朔日，邑人朝拜許真君，趨走恐後，有膝行至生米鄉之鐵柱觀者，蓋其上升處也。中秋，親友以果餅相遺。[462]

（萬安）八月朔日為「許真人誕辰」，有廟處，士女朝拜，絡繹不絕，至十五日止。[463]

（會昌）八月十二許真人誕辰，各虔設齋供至廟稽首，喚優人演戲，城鄉皆然。[464]

459 同治《新建縣志》卷十五《邑肇志·風俗》。
460 同治《安義縣志》卷一《地理志·風俗》。
461 同治《瑞州府志》卷二《地理志二·風俗》。
462 同治《靖安縣志》卷一《地理志·風俗》。
463 同治《萬安縣志》卷一《方輿志·風俗》。
464 同治《會昌縣志》卷十一《風俗》。

在南昌、南城、南豐等縣，還有「中秋節夜放風箏」之俗，俗稱「放風禽」。中秋夜，將風箏繫以長線，並在風箏內放置燈，然後高高放起，遠遠望去，四處風箏燈如繁星滿天，只見燈不見箏，十分好看。放風箏時要燃放鞭炮，到子夜過後收箏時也要放鞭炮。

（南城）風箏，他處皆戲於春時，南城獨行於秋月。自中秋至重九，少年爭奇競勝。夜間放者，懸燈於線，遠望如繁星麗天。謝修擴詩：「遠近漁燈亂，高低螢火飛」；「雲收雷霹靂，子耀母迷離」。蓋燈之前後又間以爆竹，時復轟然，東西相應。[465]

（南豐）風箏，他處皆於春，南豐獨於秋。自中秋至於重九，高高下下，倏大倏小，忽東忽西，皆風箏也，俗謂之「風禽」。夜放之，懸燈於線，見燈而不見箏，遠望如繁星麗天。邑人謝修擴詩：「遠近漁燈亂，高低螢火飛」；「雲收雷霹靂，子耀母迷離」。蓋燈之前後又間以爆竹，時復轟然，東西相應。[466]

在臨川縣，舊時還存在一種獨特的「丟針卜運」的習俗，在八月十五日晚上將一根針放在茶碗中後置於庭院中，第二日早上

465 同治《南城縣志》卷一之四《風俗》。
466 民國《南豐縣志》卷一《疆域志上‧風俗》。

觀察針受露水生鏽的部位，以此來占卜人一生當中的運氣情況：

> （臨川）復有一俗，臨睡時每人置一針於茶碗蓋內，碗蓋置庭中，翌晨察針受露水，必微生鏽。如鏽於針杪，即曰「少年晦運」；鏽於針中，即云「中年晦運」；鏽於針尾，即云「晚年不佳」。[467]

在南昌縣三江口等地，過去在中秋節這天還有「故事架」習俗。故事架又叫「抬角」，主要特色是講究服裝道具的推陳出新、變換劇目上，當故事架出現在天符廟跟隨菩薩出巡行列中時進入最高潮。凡是故事架經過的三江口區域的各個村莊，都受到熱烈歡迎，當地群眾鳴放鞭炮，贈送糕點，還有贈送紅布的，叫做「披紅」，類似於藏族同胞敬獻哈達那樣隆重與珍貴。有首歌謠形容當時三江口中秋故事架之繁華：「八月十五天氣晴，三江故事大游行；家家戶戶迎賓客，轟動南臨豐進人。」[468]

長期以來，中秋節一直為民間重視，和春節、清明節、端午節並稱為中國漢族的四大傳統節日。二〇〇六年五月，該節日經國務院批准列入第一批國家級非物質文化遺產名錄，二〇〇八年又被列為國家法定節假日之一。隨著時代的發展，眾多的傳統中

---

467 胡樸安：《中華全國風俗志》下編，《江西‧臨川之中秋節》，第 290 頁。

468 馮訓太、石鵬：《六大南昌特色中秋習俗漸漸消失》，《江南都市報》二〇一〇年九月二十二日。

秋習俗活動逐漸流逝或者發生改變,目前加進了更多的現代性元素。

(七)重陽節

為農曆九月初九日。古代以「九」為「陽」,因而農曆九月九日為「重陽」,稱「九九重陽」。重陽節早在戰國時期就已經形成,但其名稱見於記載卻在三國時代,據曹丕《九日與鐘繇書》中載:「歲往月來,忽復九月九日。九為陽數,而日月並應,俗嘉其名,以為宜於長久,故以享宴高會。」其後至唐代,重陽被正式定為民間的節日。重陽節日的起源,人們說法不一,一般認為是與古人秋收後祭祀火神和天帝神靈有關。人們在這天有「登高」、「賞菊」、「吃重陽糕」、「飲菊酒」等風俗。

在江西,相傳這天是九皇菩薩的生日,故又名「九皇節」,民間有吃九皇齋的習俗,每家做米糕、糖糕、咸糕祝賀,稱為「重陽糕」,以及釀米酒,稱為「重陽酒」。在贛州一帶地區,家家戶戶炸食薯包、芋包和推漿米果之類的傳統食品,尤其流行吃米酒泡薯包,故又稱之為「米果節」。每年九月初一前,家家戶戶擦洗炊具、門窗,洗曬衣被鞋襪和蚊帳等,人人洗澡換衣,迎接九皇爺,有些地方甚至會舉行醮事,虔誠拜祭,祈願家人平安,稱為「醮重陽」。一些地方民間也有當日吃糟習慣,認為最能活血化瘀,舒筋和骨。

（南昌）重陽日,市上賣薄片糕,插小旗於上。月朔至

九日，婦女多吃「九皇齋」，極嚴潔。[469]

（新建）九月九日，士夫多於龍沙開宴，設五色糕，泛菊。唐孟浩然有《龍沙九日》詩，權德輿有《九日龍沙陪宴》詩。[470]

（安義）重九登高，賦詩宴樂。亦有釀會墓祭者，曰「醮重陽」。[471]

（萬安）初一至初九此九日內齋戒，祀北斗九皇甚虔。九皇者，即羅經中九星也。夜間，朝元禮斗，道人或至連宵不眠，其香火之盛如此。重陽，備茰酒登高，竟日歡飲，亦間有之。[472]

（興國）自九月朔至初九日，相傳以為九皇星君下降之期，家各焚香致敬，不知始自何時。而合邑素食九日，可免殺無數生靈，亦保全惻隱節制口腹之一端。或謂其同於拜斗，則非也。然前期必啖肉食，曰「封齋」；「重陽」後又特以開齋，故恣意烹宰，殊為可哂。[473]

（吉安）九月一日至九日，燒燭禮北斗，名曰「九皇齋」。[474]

（浮梁）九月九日，囊茱萸系臂，采菊泛酒，食菜粽、

469　民國《南昌縣志》卷五六《風土志》。
470　同治《新建縣志》卷十五《邑肇志・風俗》。
471　同治《安義縣志》卷一《地理志・風俗》。
472　同治《萬安縣志》卷一《方輿志・風俗》。
473　道光《興國縣志》卷十一《風俗》。
474　民國《廬陵縣志》卷四《疆域志・風俗》。

花糕，登高。[475]

（分宜）九月登高，士人於「重九日」結隊游歷名山勝境，唱酬觴詠，留題古跡以消遣，而奉九皇持齋者，有「懺九皇勝會」之名。[476]

由於時值秋高氣爽之時，古時人們（主要是士人）都喜歡在這天登高遠眺，認為可以避邪，俗稱「重九登高」，所以重陽又稱「登高節」。

九月九日「登高」的習俗，江西各地都較為盛行，人們以文會友，登高聚宴。如古代南昌市城北的德勝門外，即今贛江南岸的八一橋至下沙窩一帶，有連互高聳的沙峰，叫龍沙，有自晉、南朝以來，便是登高望遠的勝地。每到九九重陽之日，當地民眾紛紛前來龍沙登高，放目贛江，遙眺西山，領略爽秋之情。據宋代樂史《太平寰宇記》引文說：「北有龍沙，堆阜逶迤，潔白高峻，而似龍形，連互五六里，舊俗九月九日登高之處。」唐代詩人孟浩然《九日龍沙作》詩云：「龍沙豫章北，九月桂帆過；風俗因時見，湖山發興多。客中誰送酒，棹裡自成歌；歌竟乘舟去，滔滔任夕波。」明人王士性也有記載：「龍沙在豫章城北，江水之濱，白沙湧起，堆阜高峻，其形如龍，俗為重九登高

475 康熙《浮梁縣志》卷一《風俗》。
476 民國《分宜縣志》卷十四《風俗·生活習慣》。

處。」[477]另外，人們於當日還常會或攀梅嶺，或登滕王閣。

（九江）重陽登高，賞菊花設飲，唯士大夫間有之。[478]

（瑞昌）重陽節，登高賞菊，用新稻釀酒。[479]

（彭澤）重陽，士民登高，插菊花，泛茱觴，以慶佳節。[480]

（都昌）九月九日，採茱泛菊作家慶，士夫登高為樂。[481]

（鉛山）重陽，登高飲酒多在觀音岩上九仙台，或賞菊賦詩。菊有一種，開花獨早，微紅可愛，俗名「報重陽」。河口鎮大王渡封岸一里許有重陽廟，諸女伴於是日詣廟焚帛，謂之「脫災」。[482]

（橫峰）重陽，釀菊花酒，治霜糕，插茱萸，攜榼登高。[483]

（德興）重九，登高會飲。是月菊有花則競賞之。[484]

477 （明）王士性：《廣志繹》卷四《江南諸省》，中華書局一九九七年版，第84頁。
478 乾隆《德化縣志》卷三《方輿志·風俗》。
479 同治《瑞昌縣志》卷一《地理志·風俗》。
480 同治《湖口縣志》卷一《地理志·風俗》。
481 康熙《都昌縣志》卷一《封域志·風俗》。
482 同治《鉛山縣志》卷五《地理志·風俗》。
483 同治《興安縣志》卷四《地理志·風俗》。
484 道光《德興縣志》卷三《風俗志》。

（高安）九月九日，登高賞菊，飲酒賦詩，塾師多於此日定關。[485]

（上高）九月九日，士大夫登敖嶺覽仙跡，游觀甚眾；或上大觀塔俯仰瞻眺，飲酒題詩。[486]

（奉新）九月九日，飲茱萸酒，邑人登高於獅山。[487]

（靖安）重九，登高於東郊之山，其山即以此得名。[488]

（崇仁）重陽，家設酒肴，間有飲茱萸酒者。飲後多攜伴游眺鄢壟，作登高意。[489]

（資溪）九月九日，插菊花、飲茱萸酒，相拉登高為樂。[490]

（永豐）重陽日，鄉塾中士子以文酒相過從，登高覽勝，凡邑地名區游者益眾。[491]

（上猶）重九登高，鄉里蒸瓷粑，燒薯元食之。[492]

（崇義）崇「九皇會」，設僧道、具鑼鼓笙歌禮拜，初一日起，至初九日止。重陽登高，飲菊花酒。[493]

485 同治《瑞州府志》卷二《地理志二·風俗》。
486 同治《上高縣志》卷四《風俗》。
487 同治《奉新縣志》卷一《輿地志·風俗》。
488 同治《靖安縣志》卷一《地理志·風俗》。
489 道光《崇仁縣志》卷二《疆域志·風俗》。
490 乾隆《瀘溪縣志》卷一《封域志·風俗》。
491 同治《永豐縣志》卷五《地理志·風俗》。
492 光緒《上猶縣志》卷二《輿地志·風俗》。
493 光緒《崇義縣志》卷三《風俗》。

（尋烏）重九，茱酒登高，皆如他邑。[494]

不過，在上饒、玉山兩縣，「重九登高」的習俗卻較為罕見：

（上饒）重陽，治霜糕，插茱萸，酣飲為樂，無登高者。[495]

（玉山）重陽，治霜糕，登高特罕。[496]

在萍鄉一帶，過去人們在重陽節當天會備辦酒肴，合家聚飲；縣城民眾有往城南寶塔嶺登高活動，並有「擲柑」習俗，在嶺下購買柑橘再從嶺頂向嶺下拋擲柑橘，許多貧民尤其是小孩爭往拾之，人們傳說拋中拾柑者，則晦運可轉移至被中者，因此拋擲柑者故意朝拾取人群身上扔，往往導致受傷甚至殞命事故發生。

萍俗是日闔境人家，咸備辦酒肴，恣意飲嚼。膳後至南門外寶塔嶺登高。此嶺下係一長岬，高約二十餘丈。下面植柑成林，登高者咸購柑，自山向岬中擲下。一般貧家小兒爭

494　光緒《長寧縣志》三卷《政志‧風俗》。
495　同治《上饒縣志》卷十《風俗》。
496　同治《玉山縣志》卷一下《地理志‧風俗》。

來拾取，因之或起哄鬥。擲柑者故意對拾者擲下，借以取樂。而此等貧兒貪此小利，冒死爭奪。山下柑如雨下，擊其首面，不知痛楚。往者曾有一兒為柑擊中眼球，眇其一目；又聞有被柑擊中要害，因之殞命者。夫亦大有憐矣！然則擲柑者花費金錢，為此無益之舉，果何用意耶？蓋俗傳人有晦運，逢重陽擲柑，若擲中拾柑之人，晦運即可移至彼身。[497]

（萍鄉）重陽登高，舊唯士人有之，今民間相尚，縣城居人多登城南迎風嶺，有鳴爆者，有自嶺擲柑橙於下，聽兒童獲取以為歡笑者。[498]

除了做重陽糕、登高活動外，在樂平縣，當地人們當天還會到祖墳上燒紙錢，謂之給先祖「送寒衣」，類似於七月半習俗；在南城、黎川、南豐等縣，自中秋節以來至重陽節期間，人們夜間有放風箏的習俗；在於都縣，人們祭祀七姑神。

（樂平）重陽，士人登高燕賞，以茱萸泛酒飲之。制糕相饋，上墳「送寒衣」。[499]

（南城）重陽節，士庶登鳳凰山嶺眺望，蒸菊花糕，飲

497 胡樸安：《中華全國風俗志》下編，《江西·萍鄉歲時之風俗·重陽節之風俗》，第297頁。

498 民國《昭萍志略》卷十二《風土志·禮俗》。

499 同治《樂平縣志》卷一《地理志·風俗》。

茱萸酒。燕會之盛，勝於「中秋」。[500]

（黎川）重陽節，登高放風箏，家多宴會，勝於中秋。[501]

（南豐）九日，用果米為糕，茱萸浸酒，老幼登南山，謂之「登高」。[502]

（於都）九日，以只雞壺酒祀七姑之神，而採菊東籬，罕有知為雅事者。[503]

新中國成立以後，敬九皇爺的習俗已廢，重陽節被定為「老人節」，政府事業單位多開展尊老敬老活動，單位慰問離退休老人蔚然成風。農村則給老人送禮物，祝老人健康長壽。老年體育協會組織離、退休老人舉行登山競賽等各種老年文體活動。不少學校在這一天也會組織學生登高和野炊，走向自然，豐富生活。二〇〇六年五月，重陽節經國務院批准列入中國第一批國家級非物質文化遺產名錄。

二、其他一些傳統節日習俗

上述傳統節日具有一個共同的特徵，即在全省範圍內都非常盛行，有群眾性的集體活動，儘管各地的習俗活動存在一些甚至

---

500 同治《南城縣志》卷一之四《風俗》。
501 同治《新城縣志》卷一《地理志‧風俗》。
502 民國《南豐縣志》卷一《疆域志上‧風俗》。
503 同治《雩都縣志》卷五《風俗‧民禮附》。

很多差異。除此之外，還有一些節日只是在某一地區較小範圍內較為流行，而不具有全省性；或者規模較小，主要是民眾一家一戶的單獨活動，較少甚至沒有群眾性的集體活動儀式。

（一）「二月二」

農曆二月初二日，是中國農村「春龍節」。南昌等地農村有「二月二，龍抬頭」之說。在許多鄉村地區，人們在這天存在「送走懶龍，引進勤龍」的習俗。這天一早，農家用灶坑裡積存的柴火灰，從自家房門起，沿路邊走邊撒，連續不斷地撒成一條「長龍」，直到河邊為止，這意味著是把「懶龍」送出去了，然後在河邊取一些沙土，沿原路往回走，也照樣撒成一條長龍，直到自家房門口，那是把「勤龍」引進來了。又由於二月二多在「驚蟄」之後，各種冬眠的蟲類陸續復甦，於是便有驅除毒蟲的習俗，如浮梁縣就存在與「驚蟄」日相似的炒甲蟲活動，以祈望免遭蟲害。

另外，民間相傳這天也是土地神（又稱「土地公」）生日，因此家家戶戶煎荷包蛋敬土地神，祈求保佑合家平安，五谷豐登。

> （浮梁）二月二日，炒甲蟲以壓蟲蟄。[504]

---

504 康熙《浮梁縣志》卷一《風俗·歲時》。

（二）「上巳日」

為農曆三月初三日，舊時在井岡山、南豐、都昌、高安、會昌等地，人們當日有祭神祈福的活動習俗；在撫州一帶地區，這天人們多在水邊洗濯或飲酒，認為可祈福驅邪；農村婦女喜在這天摘薺菜花戴在頭上，說可保一年不頭痛。目前這種習俗漸廢。

（井岡山）「上巳日」，袚禊，祀元武神。[505]

（南豐）「上巳」，俗以拗風、拗雨、拗晴占勝負。又云：「三月三，脫落寒衣穿汗衫。」[506]

（都昌）「上巳」，洗袚流觴之游，亦少有為此會者。[507]

（高安）三月三日，攜酒盒郊游踏青，士民皆然。[508]

（會昌）三月三日，「真武祖師會」，至期演劇慶祝，男婦求示靈簽。[509]

（三）「天穿日」

在贛東、贛南的很多地方，農曆正月二十日俗稱為「天穿日」。農村舊時於此日作米糕、糖食祀天，曰「補天穿」；當晚，

505　同治《永寧縣志》卷一《風俗》。
506　民國《南豐縣志》卷一《疆域志上・風俗》。
507　同治《都昌縣志》卷一《封域志・風俗》。
508　同治《瑞州府志》卷二《地理志二・風俗》。
509　同治《會昌縣志》卷十一《風俗》。

婦人相戒滅燈早寢，並把脂粉投床下，稱供「老鼠嫁女」。如在
安遠縣，俗傳「正月廿蛇咬板」（當地稱米果為「板」），為祈求
社神約束眾蛇不侵害人畜，盛行在路旁燒香燭、供米果等。

（浮梁）（正月）二十日，「補天穿」，以祈禱晴霽。[510]

現在，當地一帶仍盛行一些習俗，如在此日煮芋、薯剝皮
吃，意為剝鼠皮；女孩在這日穿耳朵戴耳環；等等。

（四）「臘八粥」

農曆十二月初八日，一些地方的人們也會做「臘八粥」。

（九江）臘月八日，民間煮粥食，雜以蔬果，曰「臘八
粥」。[511]

（湖口）臘八日，以白米和棗豆諸物為糜食之，曰「臘
八粥」。[512]

（彭澤）臘月初八日，合果肴、米豆為粥，號「臘八
粥」。[513]

（都昌）臘八日，以白米和棗豆諸物為糜食之，曰「臘

510 康熙《浮梁縣志》卷一《風俗·歲時》。
511 乾隆《德化縣志》卷三《方輿志·風俗》。
512 嘉慶《湖口縣志》卷十八《歲時民俗》。
513 同治《湖口縣志》卷一《地理志·風俗》。

八粥」。[514]

（五）「嘗芋」

在贛南一帶，舊俗農曆八月初一，各家嘗新芋，有的地方宗祠開秋祭、掃墓。

（尋烏）清明前後，聚族祀祖，嗣是遍祭各墳所，謂之「醮地」。以桐葉淪米作飯，亦槐葉冷淘遺意。富家具牲醴，鼓吹行禮，合長幼延賓客郊飲盡歡，立夏乃止；未遍者復以八月祭之，以八月朔為「大清明」。[515]

（六）「聖母誕辰」

在分宜縣，每年農曆八月十三日為「聖母誕辰日」，當地民眾從四面八方趕向昌山龍母廟祭拜。

昌山為邑上游，當吳、楚之沖，唐立有龍母閱城君廟。每逢八月十三日「聖母誕辰」，朝謁晉香，古廟為之塞，道路絡繹不絕，無論本邑人及他邑人莫不若厥角稽首，虔誠頂

514 同治《都昌縣志》卷一《封域志·風俗》。
515 光緒《長寧縣志》三卷《政志·風俗》。

禮，誠所謂香火千秋。[516]

（七）「蓮花節」

在廣昌縣，每年農曆六月二十四日為為「荷花生日」，又叫「蓮花生日」，亦叫「蓮花節」，是當地蓮農酬蓮神、慶豐收的傳統節日。每年農曆六月二十四日，蓮農們便開始著手趕製有蓮花等各種吉祥圖案的米餈饋贈親友，驅邪納福，互祝吉祥如意；六月二十六日紀念「蓮花生日」的活動達到高潮。這天清晨，蓮農成群結隊、鼓樂喧天、禮炮齊鳴、華蓋蔽日、彩旗招展，抬著荷花七仙子的塑像，前呼後擁，過村上街游行。目前，廣昌白水寨的以蓮花生日為主題的太子廟會，成為遠近聞名的集市貿易中心。

三、一些傳統節日習俗的傳說

（一）中秋節「燒瓦塔燈」的傳說

在江西贛南地區，流傳著一個動人的傳說，大意是很久很久以前，月亮上住著一位美麗的仙女，名叫月華。一天半夜，她來到月下村，見到自幼父母雙亡、整天給財主干活的青年小伙柳平正挑水累得滿臉淚汗，不禁心生愛意和憐意，於是來到柳平面

前，向他表達了衷情。柳平聽後自當萬分高興，二人當下約定，明日再在月下約會。

不料二人說話耽誤了挑水的時辰，財主大為惱怒。老實的柳平於是把遇到月華的事告訴了財主。財主一聽，起了壞主意。次日，他叫柳平去城裡抓藥，自己換上柳平的衣服，來到井邊，見到月華坐在那裡梳頭，於是急忙撲上去想抱住仙女。月華見狀，以為是柳平如此粗魯，好生惱怒，於是一拂衣袖，頭也不回地回到了月宮。柳平回來後，知道了原委，一氣之下燒了財主的房屋，然後逃走了。月華回到月宮，回望凡間，知道了真相，可柳平已逃走，再也尋不著他了。

人們傳說月華是見到火光才出來的。於是就在每年的八月十五日晚聚在一起，用磚瓦疊成塔狀，在其中燒火，每當塔身燒的發紅的時候，月華就會出來。中秋之夜燒塔的風俗也就這樣流傳下來。[517]

（二）南昌洗馬池與七仙女的傳說

中國「牛郎織女」的傳說最早始於漢朝，《詩·小雅·大東》說：「維天有漢，監亦有光。跂彼織女，終日七襄。雖則七襄，不成報章。睆彼牽牛，不以服箱。」這是牛郎、織女神話傳說的雛形，那時織女、牽牛還只是天河二星，並無神的色彩，詩中提到了織女「報章」、牽牛「服箱」，只是就這兩顆星的名稱發生

[517] 引自李鴻主編《江西飲食文化與風情》第五章，第210頁。

的聯想。正是這一聯想產生了牛郎和七夕節的來歷。

　　這種傳說經過千餘年的代代相傳，深入人心，並且各民族各地區都有不同的傳說故事。在南昌也有一個傳說版本，它與南昌市的鬧市區「洗馬池」有密切的關係。「洗馬池」本名「浴仙池」，乾隆五十九年修撰的《南昌縣志》有記載：洗馬池在郡城東南角，曾有少年看到七個美女把彩衣脫下放在岸邊，在池中洗浴。少年惡作劇地把其中一件彩衣藏起來，美女們洗完後就穿上彩衣變成白鶴飛去了，唯獨丟了衣服的美女沒能飛走。隨後跟隨少年到其家中，與少年結為夫妻，約定三年後還衣。三年期滿美女穿上彩衣飛去了。**518**

（三）重陽節與王勃《滕王閣序》的傳說

　　江西地區關於重陽節的一些故事傳說有很多，其中最為著名的當屬王勃在重陽節趕到南昌滕王閣並寫出千古絕唱的《滕王閣序》了。

　　騰王閣南昌城內位處贛江岸邊的滕王閣，歷經一千三百多年，經久不衰，聞名遐邇。而滕王閣之所以盛名不絕，卻又是因為王勃的《滕王閣序》一文。「文以閣名，閣以文傳」。《滕王閣序》是王勃於公元六百七十五年前往交趾（今越南境內）探視遭貶的父親途經南昌時所作。當王勃於九月初九日重陽節這天途經南昌時，正遇上都督在滕王閣上大宴地方文人名士，筵中都督讓

---

518 乾隆《南昌縣志》卷三《風俗》。

眾人圍繞盛會行文賦詩，由於都督本意是想讓其女婿揚名，因而大家都借故推辭不寫，而王勃卻慨然應允，而寫下了千古傳唱的《滕王閣序》，《新唐書》中曾有記載：

> 初，道出鐘陵，九月九日都督大宴滕王閣，宿命其婿作序以誇客，因出紙筆遍請客，莫敢當，至勃，沆然不辭。都督怒，起更衣，遣吏伺其文輒報，一再報，詩益奇，乃矍然曰：「天才也！」請遂成文，極歡罷。**519**

對於此次情形當地民眾中則有更為豐富的傳說。民間流傳當年王勃途經馬當（今彭澤境內）時，遇狂風暴雨，滯留於此。就在王勃被困馬當束手無策之時，有一道人告訴他，九月九日，洪州都督閻伯嶼將在新修的滕王閣中大宴賓客，讓他務必參加，並說保證能讓他名垂千古。可是此地離洪州還有七百多里，哪能趕得上呢？正在王勃無可奈何之際，只見船借風速，風助船行，須臾之間已到南昌。但道人卻不知去向。原來這位道人就是大名鼎鼎的中原水神！水神以佛法相助，日行七百里，讓王勃順利抵達南昌，如期參加滕王閣盛會。

宴會上達官顯貴濟濟一堂，文人墨客燦若群星，真可謂「高朋滿座，勝友如雲」！酒興正酣，閻伯嶼請各位嘉賓行文賦詩以

519　（宋）歐陽修、宋祁傳撰：《新唐書》卷一百一，《列傳》第一百二十六《文藝上‧王勃》，中華書局一九七五年版。

記歡宴之盛況，其實他是想借此機會讓其女婿孟學士揚名，孟學士也早已將詩文准備好了，只等當場吟誦。所以，文人們一一謙讓，而王勃卻不諳此道，躊躇應允，令滿座愕然。王勃行文習慣小酌，然後蒙頭少睡。閻公和賓客們見王勃不緊不慢，於是登閣賞景，吩咐小吏隨時通報。王勃小憩片刻，便文采飛揚，一揮而就。當小吏報來第一句「豫章故郡，洪都新府」時，閻都督不以為然。再報來「襟三江而帶五湖，控蠻荊而引甌越」時，閻都督沉吟不語。當報至「落霞與孤鶩齊飛，秋水共長天一色」時，閻都督拍手稱贊「天才之筆」！就在眾賓客齊聲喝彩之際，孟學士妒火中燒，冷冷地指著王勃說：「你的這篇文章古已有之，我早就看過，倘若不信，我可當場背誦。」說著他當著眾賓客一字不差地將此文背了一遍，頓時，人群中一片譁然，席間氣氛驟然緊張，王勃也為其驚人的記憶力而暗暗佩服。就在大家用懷疑的目光審視著王勃的同時，王勃冷靜地問孟學士：「這篇文章完了嗎？」孟學士得意地回答：「完了！」王勃則告訴他說：「這篇文章沒完，後面還有一首詩！」說著揮毫潑墨，在文章的末尾賦詩一首（即《滕王閣詩》），為了留下懸念，故意把最後一句「檻外長江空自流」的「空」字落下沒寫，然後離開了宴席，踏上了省親探父的路程。這時，閻都督已經明白報個中原委，當他發現詩中落下一字時，王勃已經遠走高飛了！此時的閻都督開始掂出這篇文章的分量，他馬上吩咐隨從，帶上千金，去追趕王勃索要空字。隨從幾經周折，追上王勃後，說明來意，懇請王勃把字補上，否則難向閻都督交代，在隨從的再三請求下，王勃讓他閉上眼睛，在其掌心畫了幾下，叫他攥緊拳頭，並交代說，非閻都督

任何人不讓看。當隨從回到閣府，當著閣都督打開拳頭時，手心什麼字也沒有，閣都督正要發作，突然轉憂為喜，拍著腦門連連叫絕：「妙！妙！妙！」從此以後，王勃因滕王閣而名垂千古，滕王閣因王勃而美名遠揚！

對於民間傳說的情形，五代時南昌人王定保在《唐摭言》中也有一些大致的記載：

> 王勃著《滕王閣序》，時年十四。都督閻公不之信，勃雖在座，而閻公意屬於婿孟學士者為之，已宿構矣。及以紙筆巡讓賓客，勃不辭讓。公大怒，拂衣而起，專令人伺其下筆。第一報云：「南昌故郡，洪都新府。」公曰：「亦是老先生常談！」又報云：「星分翼軫，地接衡廬。」公聞之，沉吟不言。又云：「落霞與孤鶩齊飛，秋水共長天一色。」公矍然而起曰：「此真天才，當垂不朽矣！」遂丞請宴所，極歡而罷。[520]

（四）廣昌縣「蓮花節」起源的傳說

相傳，在很早很早的古時，有一年正值廣昌蓮區白蓮栽插季節，由於兵荒馬亂，民無寧日，使得廣昌縣白水寨附近的太和村蓮農棄家而逃，躲進江家寨避難；一連數日，吃不上一口飯，喝

---

[520] （五代）王定保：《唐摭言》卷五《切磋》，上海古籍出版社一九七八年版。

不上一口水，婦幼老弱，貧病交加、氣息奄奄，正當蓮農們仰天長嘆，無計可施之時，七個頭戴荷葉帽，手拿蓮花棒，肩背荷花簍的仙童前來解難，送茶送飯、除飢解渴。荷葉水、蓮花餅，清香爽口，蓮農們吃了精神陡長，信心倍增。荷花七仙童除暴安良，驅邪揚善，幫助蓮農重建家園。荷花仙子大展神通，手捏泥人，搶栽搶種，一夜之間，所有蓮農的蓮田荷葉依依、碧波漣漣，在荷葉仙子的幫助下，白蓮生產終於恢復往日的繁榮。從此每年農曆六月二十四日至二十六日蓮花盛開之時，蓮農們便要在全村舉行盛況空前的賞蓮、品蓮活動，以此紀念荷花七仙童的功德。於是，六月二十四日這天，便被特定為廣昌獨有的「蓮花生日」。[521]

---

[521] 《廣昌縣志（1991-2000）》專記《廣昌白蓮》，方志出版社二○一○年版。

江西文庫 A0701B36

贛文化通典（民俗卷）　第四冊

主　　編	鄭克強
版權策畫	李　鋒
責任編輯	楊家瑜
發 行 人	陳滿銘
總 經 理	梁錦興
總 編 輯	陳滿銘
副總編輯	張晏瑞
編 輯 所	萬卷樓圖書股份有限公司
排　　版	菩薩蠻數位文化有限公司
印　　刷	維中科技有限公司
封面設計	菩薩蠻數位文化有限公司

出　　版　昌明文化有限公司
桃園市龜山區中原街 32 號
電話 (02)23216565

發　　行　萬卷樓圖書股份有限公司
臺北市羅斯福路二段 41 號 6 樓之 3
電話 (02)23216565
傳真 (02)23218698
電郵 SERVICE@WANJUAN.COM.TW
大陸經銷　廈門外圖臺灣書店有限公司
　　電郵 JKB188@188.COM

ISBN 978-986-496-356-0
2018 年 1 月初版
定價：新臺幣 380 元

如何購買本書：

1. 轉帳購書，請透過以下帳戶
　合作金庫銀行 古亭分行
　　戶名：萬卷樓圖書股份有限公司
　　帳號：0877717092596

2. 網路購書，請透過萬卷樓網站
　網址 WWW.WANJUAN.COM.TW

大量購書，請直接聯繫我們，將有專人為您
服務。客服：(02)23216565 分機 610

如有缺頁、破損或裝訂錯誤，請寄回更換
版權所有·翻印必究
Copyright©2016 by WanJuanLou Books CO., Ltd.
All Right Reserved　　　　**Printed in Taiwan**

國家圖書館出版品預行編目資料

贛文化通典. 民俗卷 / 鄭克強主編. -- 初版.
-- 桃園市：昌明文化出版；臺北市：萬卷
樓發行, 2018.01
　冊；　公分
ISBN 978-986-496-356-0 (第四冊：平裝). --
1.民俗 2.江西省
672.408　　　　　　　　　　　107002014

本著作物經廈門墨客知識產權代理有限公司代理，由江西人民出版社授權萬卷樓圖書
股份有限公司出版、發行中文繁體字版版權。
本書為金門大學華語文學系產學合作成果。　　**校對：陳裕萱**